改訂版 | 聞いて覚えるスペイン語単語帳

# キクタン

スペイン語

【初中級編】

基本2000語レベル

アルク

# はじめに
# 「キクタンスペイン語」とは

## ベストセラー「キクタン」を、スペイン語学習に応用！

　単語を聞いて覚える"「聞く」単語集"、すなわち「キクタン」。

　「キクタン」シリーズはアルクの英単語学習教材からスタートしました。リズミカルな音楽に乗りながら楽しく語彙を学ぶ「チャンツ」という学習法を採用し、受験生から TOEIC のスコアアップを狙う社会人まで、幅広いユーザーの支持を受けています。

　本書は、この「キクタン」形式をベースに刊行された、『改訂版 キクタンスペイン語【入門編】』『改訂版 キクタンスペイン語【初級編】』に続く【初中級編】として編まれました。【入門編】【初級編】と合わせると約 2000 語レベルの語彙に触れることができ、スペイン語でコミュニケーションをとるために必要な語彙を習得できるでしょう。これらを駆使することで、いろいろなことがスペイン語で「できる」ようになるはずです。

## 日常のコミュニケーションで使われる、使用頻度の高い語彙を精選！

　『改訂版 キクタンスペイン語【初中級編】』では、日常の身近な出来事から、仕事などでコミュニケーションを図るうえで役立つ表現まで、CEFR（ヨーロッパ言語共通参照枠）A2 ～ B1 前半レベルの 848 の単語やフレーズを学べます。品詞ごとに関連性がある語彙を同一ページに並べて提示していますので、まとめて覚えやすくなっています。スペイン語の語彙増強を図りたい人や、スペイン語圏への旅行や留学を計画している人にも、また仕事で使う人にもお勧めの 1 冊です。

　なお、本文に出てくる例文は、シンプルな表現でありながら、使い勝手のよいことを念頭に置き、作られています。

---

本書は『キクタンスペイン語【初中級編】』（初版：2018 年 8 月 10 日）をもとに、時代に合わせた例文の見直しなどを行い、音声をダウンロード提供とした改訂版となります。

# だから「ゼッタイに覚えられる」!
# 本書の4大特長

## 1
### 目と耳をフル活用して覚える!

だから、
スペイン語をリズムに乗って
覚えられる!

リズミカルな音源に乗って楽しく語彙の学習ができる「チャンツ音声」を用意。単語を耳で聞いて意味が分かるようになるだけでなく、思わず単語が口をついて出るほどしっかり身につく単語帳を目指しました。

## 2
### 関連する語彙はまとめて覚える!

だから、
たくさんの語彙をらくらく
スムーズに覚えられる!

本書では、関連する語彙(フレーズ)をできるだけ同一ページにまとめて提示してあります。同意語・類義語・反意語などの多くの語彙を、まとめて効率的に覚えられるように工夫しました。

## 3
### 例文で覚える!

だから、
いろいろな場面で役立つ!

スペイン語でコミュニケーションをする上で使い勝手のよい例文を提示しました。単語を覚えるだけではなく、例文も使えるようになることを目指しましょう。

## 4
### 848の語彙を厳選!

だから、
すぐに使える!

スペイン語学習の初中級段階で必要な語彙をしっかり学習できます。学校や職場でスペイン語が必要な人にはもちろんのこと、旅行先でスペイン語を使って現地の人と直接コミュニケーションをとってみたい人にもピッタリの学習書です。

意味を覚えるだけでは終わらせない。
発音や活用もしっかりマスター！

❖ 見出し語
見開きの左ページ（名詞は両ページ）には、学習語彙を掲載しています。

❖ 動詞
音声では、「動詞（不定詞）」→「日本語」→「動詞（不定詞）」が録音されています。この後に、声に出して繰り返して言ってみてください。また、見出し語の下にある番号は付録 **1**「動詞の活用表」（34〜48ページ）の活用パターンを示しています。

❖ 名詞（句）
音声では、「名詞」→「日本語」→「名詞」が録音されています。この後に、声に出して繰り返して言ってみてください。また、見出し語の下には名詞の性を **M**（男性名詞）、**F**（女性名詞）で示してあります。名詞（句）については、より多くの語彙を掲載するため、例文は提示していません。

❖ 形容詞（句）／副詞／熟語
音声では、「スペイン語」→「日本語」→「スペイン語」が録音されています。この後に、声に出して繰り返して言ってみてください。
なお、熟語のチャンツでは、「スペイン語」→「日本語」が録音されています。

見出し語番号　　　音声ファイル番号

CHECK-1 ▶ CHECK-2　　　◀ 🎧01

□ 001
**alegrarse**　　　喜ぶ、うれしく思う
④

□ 002
**enamorarse**　　　恋する
④

□ 003
**enfadarse**　　　怒る
④

□ 004
**preocuparse**　　　心配する
④

□ 005
**deprimirse**　　　落ち込む
⑥

□ 006
**sorprenderse**　　　驚く
⑤

□ 007
**divertirse**　　　楽しむ
㉓

□ 008
**sentirse**　　　（自分が…だと）感じる
㉓

動詞／名詞（句）／形容詞（句）／副詞／熟語

*8*

【注意すべき点】　**中南米**: 中南米で使われる表現　**熟語**: 熟語表現　**直訳**: スペイン語例文を日本語に直訳したもの　✐ : 慣用表現、文法など
名詞　**M**：男性名詞　**F**：女性名詞　　形容詞　女性形は語尾のみ表示
動詞　動詞の下の番号は「動詞の活用表」(34〜48ページ)の活用パターンの番号です。
例文　日常的によく使われる表現で構成されています。文中の見出し語は赤字で示してあります。

ダウンロード音声は、聞いているだけで楽しくなる「チャンツ音楽」
のリズムに合わせて、スペイン語と日本語が収録されています。

## CHECK-3

Me alegro de que te guste mi regalo.

プレゼントを気に入ってもらえてうれしいよ。

Nos enamoramos a pesar de nuestras diferencias.

私たちはお互いの違いを乗り越えて恋をしました。

Es imposible que me enfade contigo.

僕が君に腹を立てることなどありえないよ。

No te preocupes por mí.

私のことは気にしないで。

Quien nunca se ha deprimido es un inconsciente.

一度も落ち込んだことがない人は鈍感な人だ。

Los españoles se sorprenden al ver que en Japón
todavía se usa fax.

スペイン人は日本でまだファクスが使われているのを見て驚きます。

Mi perro se divierte persiguiendo su propia cola.

私の犬は(自分の)尻尾を追い回して遊んでいる。

En un principio no me sentía capaz de hacerlo yo sola.

当初は、私一人でやれる気がしませんでした。

9

## CHECK-1

該当の音声ファイルを呼び出し、
見出し語とその意味をチェック!

## CHECK-2

音声に合わせて発音練習!
自然なスペイン語の発音を身につ
けるため、カタカナ表記はしてあ
りません。耳と口をフル活用して
練習してください。

## CHECK-3

見出し語を含む例文・フレーズを
チェック!
実践的な例文に触れることで、単
語の使い方や理解度が高まります。

付属チェックシート

本書の赤字部分は、チェックシー
トで隠せるようになっています。
例えば、例文の日本語を見てスペ
イン語の例文が完全に言えるよう
になるまで練習すると、とても力
がつきます。

## 目 次

**音声ダウンロードについて**

【パソコンをご利用の場合】
「アルク ダウンロードセンター」をご利用ください。

## https://portal-dlc.alc.co.jp/

商品コード（7024065）で検索し、[ダウンロード] ボタンをクリックして、音声ファイルをダウンロードしてください。

【スマートフォンをご利用の場合】
英語学習アプリ「booco」（無料）をご利用ください。本アプリのインストール方法は、カバー袖でご案内しています。商品コード（7024065）で検索して、音声ファイルをダウンロードしてください。（iOS、Androidの両方に対応）

# 動 詞

動詞

名詞（句）

形容詞（句）

副詞

熟語

□ 001

# alegrarse
④

喜ぶ、うれしく思う

□ 002

# enamorarse
④

恋する

□ 003

# enfadarse
④

怒る

□ 004

# preocuparse
④

心配する

□ 005

# deprimirse
⑥

落ち込む

□ 006

# sorprenderse
⑤

驚く

□ 007

# divertirse
㉓

楽しむ

□ 008

# sentirse
㉓

（自分が…だと）感じる

Me alegro de que te guste mi regalo.

プレゼントを気に入ってもらえてうれしいよ。

Nos enamoramos a pesar de nuestras diferencias.

私たちはお互いの違いを乗り越えて恋をしました。

Es imposible que me enfade contigo.

僕が君に腹を立てることなどありえないよ。

No te preocupes por mí.

私のことは気にしないで。

Quien nunca se ha deprimido es un inconsciente.

一度も落ち込んだことがない人は鈍感な人だ。

Los españoles se sorprenden al ver que en Japón
todavía se usa fax.

スペイン人は日本でまだファクスが使われているのを見て驚きます。

Mi perro se divierte persiguiendo su propia cola.

私の犬は(自分の)尻尾を追い回して遊んでいる。

En un principio no me sentía capaz de hacerlo yo sola.

当初は、私一人でやれる気がしませんでした。

**動詞**

**名詞（句）**

**形容詞（句）**

**副詞**

**熟語**

☐ 009

# engordar
① 太る

☐ 010

# adelgazar
⑦ 痩せる

☐ 011

# curar
① 治療する

☐ 012

# doler
⑯ 痛む

☐ 013

# cansarse
④ 疲れる、飽きる

**熟語** cansarse de... = …に飽きる

☐ 014

# diagnosticar
㉘ 診断する

☐ 015

# respirar
① 呼吸する

☐ 016

# operar
① 手術する

El chocolate no engorda. ¡Engordas tú!

チョコレートは太らないよ。君が太るんだよ。

He adelgazado ocho kilos en una semana.

1週間で8キロ痩せました。

El amor es la mejor medicina porque cura el alma.

愛は心を癒やしてくれる最良の薬です。

Me duele el pie izquierdo y no puedo caminar.

左足が痛くて歩けません。

Los niños no se cansan de nadar en la piscina.

子どもたちはプールで泳ぎ飽きません。

A mi gato le diagnosticaron cáncer.

私の猫はがんと診断されました。

No puedo respirar bien por la nariz.

鼻でうまく息ができません。

A mi madre la van a operar de cataratas.

母は白内障の手術をします。

動詞
名詞（句）
形容詞（句）
副詞
熟語

□ 017

# mejorar
①

良くなる、改善する

□ 018

# ahorrar
①

節約する、貯金する

□ 019

# cobrar
①

徴収する、
（給料・費用などを）受け取る

□ 020

# construir
㉝

建てる

□ 021

# suspender
②

中断する、中止する

□ 022

# fabricar
㉘

製造する

□ 023

# solicitar
①

申請する

□ 024

# reciclar
①

リサイクルする

La coyuntura económica ha mejorado notablemente con respecto a años anteriores.

景気は、過去数年に比べて著しく改善しました。

Quiero consejos para ahorrar energía.

私は、省エネするためのアドバイスが欲しいです。

El banco cobra una comisión.

銀行は手数料を徴収します。

Construyeron muchos hoteles en Tokio para los Juegos Olímpicos.

東京オリンピックのために、たくさんのホテルが東京に建設されました。

El metro ha suspendido el servicio debido a una avería.

地下鉄は故障のため運行を休止しました。

Ya no fabrican fotocopiadoras como las de antes.

昔のようなコピー機は製造していません。

El ochenta por ciento de las pymes que solicitan crédito lo reciben.　　　　　　名詞 pyme= 中小企業

貸付金は、申請する中小企業の8割が受け取っています。

En España hay un depósito en la calle para reciclar el aceite usado.

スペインには、使用済み油をリサイクルするためのタンクが通りにあります。

動詞

名詞（句）

形容詞（句）

副詞

熟語

□ 025

## apellidarse
④

名字は…である

□ 026

## despedir
③

解雇する

□ 027

## compartir
③

共有する

□ 028

## colaborar
①

協力する

□ 029

## pelearse
④

（複数主語で）けんかする

□ 030

## portarse
④

振る舞う

□ 031

## regalar
①

贈る

□ 032

## llevarse (bien con...)
④

（…といい）関係である

熟語 llevarse bien/mal con...

¿Cómo se apellida Ud.?

名字は何とおっしゃいますか？

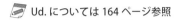 Ud. については 164 ページ参照

Le despidieron por filtrar información confidencial.

彼は秘匿情報を漏洩させたために解雇されました。

Comparto tu post en mi muro de Facebook.

君の投稿をフェイスブックの私のウォールでシェアします。

Hay muchas formas de colaborar para la reconstrucción de las zonas damnificadas.

被災地復興のためにいろいろな協力の仕方があります。

Cuando era pequeña, mi hermano y yo nos peleábamos mucho.

小さかったころ、兄と私はよくケンカをしていました。

Yo siempre le digo a mi perro: "¡Pórtate bien!", pero no me hace caso.

私は犬にいつも「お行儀良くしろ」って言うんだけど、言うことをきかないの。

¿Qué vas a regalarle a tu novia en su cumpleaños?

恋人の誕生日に何を贈るつもりですか？

Me llevo muy bien con mi suegra.

私は義理の母ととてもうまくいっています。

動詞　名詞（句）　形容詞（句）　副詞　熟語

□ 033

## aparcar
28

駐車する

□ 034

## alojarse
4

宿泊する

□ 035

## aterrizar
7

着陸する

□ 036

## despegar
30

離陸する

□ 037

## deshacer
39

ほどく、乱す、破棄する

□ 038

## facturar
1

受託手荷物にする、
（機内に荷物を）預ける

□ 039

## atender
9

応対する

□ 040

## renovar
14

更新する

En las ciudades grandes es difícil encontrar un sitio para aparcar el coche.

大都市では、駐車する場所を見つけるのが大変です。

Los miembros de la Embajada Keicho se alojaron durante un año en un pueblo cerca de Sevilla.

慶長(遣欧)使節団一行は、セビージャの近くの村に1年間滞在しました。

El avión aterrizó de emergencia en Bilbao debido a un fallo grave del motor.

飛行機はエンジンの深刻な不調のため、ビルバオに緊急着陸しました。

Cuando despega el avión, si te duelen los oídos, un caramelo te puede ayudar.

飛行機が離陸するとき、耳の痛みを感じたら、あめをなめると楽になりますよ。

Deshacer la maleta es más sencillo que hacerla.

スーツケースの荷ほどきをするほうが、荷造りをするよりも簡単です。

Cada pasajero puede facturar hasta dos maletas.

乗客一人につきスーツケース2個まで受託手荷物として預けることができます。

En los bares de España siempre me han atendido bien.

スペインのバルでは、いつもいい応対をしてもらいました。

Como mi pasaporte caduca el mes que viene, tendré que renovarlo.

来月パスポートが失効するので、更新しなければならないでしょう。

動詞
名詞（句）
形容詞（句）
副詞
熟語

□ 041

## adjuntar
① 　　　　　　　　　添付する

□ 042

## acceder
② 　　　　　　　　　アクセスする

□ 043

## conectarse
④ 　　　　　　　　　接続する

□ 044

## navegar
㉚ 　　　　　　　　　航海する

□ 045

## redactar
① 　　　　　　　　　文書を作成する、編集する

□ 046

## reenviar
㉕ 　　　　　　　　　転送する

□ 047

## responder
② 　　　　　　　　　答える

□ 048

## introducir
㉞ 　　　　　　　　　入力する

Se me ha olvidado adjuntar el archivo en mi mail anterior.

先ほどのメールにファイルを添付するのを忘れてしまいました。

No puedo acceder al sitio web del Ministerio de Asuntos Exteriores.

外務省のウェブサイトにアクセスできません。

¿Puedo conectarme a Zoom por teléfono?

私は電話でZoomに接続できますか？

Los niños están aprendiendo a navegar en internet.

子どもたちはネットサーフィンの仕方を学んでいます。

Tengo que redactar un informe en inglés.

英語で報告書を作成しなければなりません。

Te he reenviado el mail de Paco.

パコのメールを君に転送しました。

Te acabo de responder.

君に返事をしたところです。

Introduzca la clave de cuatro dígitos.

4桁の暗証番号を入力してください。

動詞

名詞（句）

形容詞（句）

副詞

熟語

☐ 049

# anular
①

取り消す、破棄する

☐ 050

# cancelar
①

取り消す、解約する

☐ 051

# examinarse
④

試験を受ける

☐ 052

# memorizar
⑦

暗記する

☐ 053

# aprobar
⑭

合格する

☐ 054

# archivar
①

ファイルする

☐ 055

# suspender
②

（試験に）落ちる

☐ 056

# matricularse
④

登録する

El arbitro anuló el gol por fuera de juego.

審判はオフサイドで、ゴールを取り消しました。

 fuera de juego
＝オフサイド

He llamado al dentista para cancelar la cita de mañana.

私は歯医者に電話をして、明日の予約をキャンセルしました。

Me falta examinarme de inglés.

私はまだ英語の試験を受けなければなりません。

Dicen que memorizar no sirve para un aprendizaje autónomo.

暗記することは、自律的学習には役立たないといわれています。

He aprobado todos los exámenes.

私はすべての試験に合格しました。

Hay que archivar los papeles.

紙をファイルする必要があります。

He suspendido en Historia.

私は歴史(の試験)に落ちました。

Me he matriculado en el curso de cocina española.

スペイン料理のコースの受講申し込みをしました。

□ 057

**afeitarse**
④

（ひげを）そる

□ 058

**ducharse**
④

シャワーを浴びる

□ 059

**peinarse**
④

髪をとかす

□ 060

**sentarle bien/mal**
⑧　　📝 le = 人に

…に似合う／似合わない

□ 061

**probarse**
⑮

試着する

□ 062

**parecerse a**
㊱

…に似ている

□ 063

**quedar**
①

待ち合わせる

□ 064

**pasar**
①

過ごす

A mi padre no le gusta afeitarse.

父はひげをそるのが好きではありません。

Ducharse con agua fría puede ser beneficioso para la salud, pero también un riesgo.

冷水でシャワーを浴びることは健康に良いことかもしれませんが、リスクもあります。

Está de moda peinarse con trenzas.

三つ編みの髪形がはやっています。

¿Cómo me ves? ¿Me sienta bien, cierto?

どうかしら？　私に似合うよね？

Voy a probarme esta falda roja.

この赤いスカートを試着してみるね。

Pero esta falda se parece mucho a la que llevas hoy.

でもこのスカート、今日はいているのとそっくりだよ。

¿Dónde quedamos para ir de compras?

ショッピングに行くのにどこで待ち合わせる？

Esta semana la he pasado fatal con gripe.

今週は風邪で、最悪な感じで過ごしました。

動詞

名詞（句）

形容詞（句）

副詞

熟語

☐ 065

# divorciarse
④

離婚する

☐ 066

# fallecer
㉟

死ぬ、亡くなる

☐ 067

# separarse
④

別れる

☐ 068

# sentir
㉒

感じる

☐ 069

# oler
⑯

匂いがする

☐ 070

# elegir
⑬

選ぶ

☐ 071

# montar
①

立ち上げる、乗る

☐ 072

# dibujar
①

描く

Muchas parejas que se divorcian se preocupan por no lastimar a los hijos.

離婚するカップルの多くは、子どもたちを傷つけないように気を配っています。

Falleció el Rey y se agotó la ropa negra por el luto.

国王が亡くなり、服喪のため黒い服が品切れになりました。

Amelia y Rodrigo se separaron la semana pasada, pero esta semana han empezado a salir otra vez.

アメリアとロドリーゴは先週別れたけれど、今週また付き合い始めました。

Sentí temblar la pared y sentí mucho miedo.

壁が揺れるのを感じてとても怖かったです。

Dicen que España huele a sol.

スペインは太陽の匂いがすると言われます。

Los niños no pueden elegir a sus padres.

子どもは親を選べません。

Carmen está ahorrando para montar su negocio.

カルメンは事業を立ち上げるために貯金しています。

El niño que dibuja monstruos, ¿siente miedo?

怪物の絵を描く子どもは恐怖を感じているのでしょうか？

動詞

名詞（句）

形容詞（句）

副詞

熟語

□ 073

# levantar
① 持ち上げる

□ 074

# amueblar
① 家具を備え付ける

□ 075

# decorar
① 飾る

□ 076

# descolgar
㊹ （掛けてあるものを）外す、
（受話器を）とる

□ 077

# reparar
① 修理する

□ 078

# conservar
① 保つ、とどめる

□ 079

# proteger
⑪ 守る、保護する

□ 080

# contaminar
① 汚染する

Al levantar el sofá para aspirar, hemos encontrado una carta vieja de mi padre.

掃除機をかけるためにソファーを持ち上げると、父の古い手紙が出てきました。

Hemos comprado un piso nuevo y tenemos que amueblarlo.

新しいマンションを買ったので、家具を置かなければなりません。

Me gusta decorar la casa con flores.

私は家に花を飾るのが好きです。

Descuelga los cuadros con cuidado.

注意して絵画を取り外してください。

Hay que reparar el calentador de agua.

給湯器を修理しなければなりません。

Los vecinos prefieren conservar el bosque a construir un museo allí.

近隣住民は、森に博物館を建設するよりも森をそのままにしておきたいと思っています。

Hay créditos para los negocios que protegen el medioambiente.

環境を保護するビジネス向けの貸付金があります。

Un camión cisterna volcó y contaminó el río con el petróleo.

タンクローリーが横転し、石油で川を汚染しました。

動詞

名詞（句）

形容詞（句）

副詞

熟語

□ 081

## devolver
⑯

返す

□ 082

## entrevistar
①

面接する

□ 083

## prohibir
①

禁止する

□ 084

## recomendar
⑧

勧める

□ 085

## desviar
㉕

そらす、逸脱させる

□ 086

## programar
①

計画を立てる

□ 087

## retirar
①

撤退させる、取り去る

□ 088

## reformar
①

改革する、改正する

Te devuelvo el libro que me prestaste.

君に借りた本を返すよ。

**直訳** 君が私に貸した本を、私は君に返します。

El director entrevistará a tres candidatos la semana que viene.

来週、社長が3人の候補者を面接します。

En Madrid la ley prohíbe consumir bebidas alcohólicas en la calle.

マドリッドでは、法律で路上飲酒は禁じられています。

La Embajada recomienda no acercarse a las grandes manifestaciones.

大使館は大きなデモには近づかないように勧告しています。

El gobierno trata de desviar la atención del pueblo del escándalo de corrupción.

政府は汚職スキャンダルから国民の注意をそらそうとしています。

Las elecciones generales están programadas para el próximo mes.

総選挙は来月に予定されています。

En 2004 España retiró sus tropas de Irak.

2004年にスペインはイラクから軍隊を撤退させました。

El partido Liberal Demócrata plantea reformar la Constitución.

自民党は憲法改正を提案しています。

動詞

名詞（句）

形容詞（句）

副詞

熟語

□ 089

## repasar
① 復習する

□ 090

## ingresar
① （病院などに）入れる、収容する

□ 091

## inscribirse
⑥ 申し込む、登録する

□ 092

## saltar
① ジャンプする

□ 093

## registrarse
④ 登録する

□ 094

## soltar
⑭ 放す

□ 095

## empatar
① 引き分ける

□ 096

## quedarse
④ （…の状態に）なる

El profesor recomienda a los estudiantes que repasen el contenido de las clases todos los días.

教師は学生に、毎日授業内容を復習するように勧めます。

Me ingresaron en la unidad de emergencia del hospital para una operación.

私は、手術のために病院の救急救命室に入院させられました。

Me he inscrito para el examen de DELE.

DELE試験に申し込みました。

En este videojuego, si saltas, el perro ladra.

このゲームでは、君がジャンプしたら犬がほえます。

Para recibir la información, tienes que registrarte con tus datos personales.

情報を受け取るには個人データを登録しなければなりません。

En los parques no deben soltar a los perros.

公園では犬を放していけません。

Perú empató con Colombia y jugará la repesca ante Nueva Zelanda.

ペルーはコロンビアと引き分けて、ニュージーランドとのプレーオフに行くことになりました。

Me quedé sin batería y no te pude llamar.

バッテリーが切れて、君に電話できなかったんだ。

動詞

名詞（句）

形容詞（句）

副詞

熟語

□ 097

## descargar
㉚

ダウンロードする

□ 098

## instalar
①

インストールする

□ 099

## hacer doble click
㊴

ダブルクリックする

□ 100

## cliquear
①

クリックする

□ 101

## copiar y pegar
①　　　　㉚

コピー&ペーストする

□ 102

## arrastrar
①

ドラッグする

□ 103

## salvar
① 中南米

（データなどを）保存する

□ 104

## actualizar
⑦

更新する

No he podido descargar la aplicación que me recomendaste.

君が勧めてくれたアプリをダウンロードできなかったんだ。

Se puede instalar la aplicación de LINE en el PC.

パソコンにLINEアプリをインストールできますよ。

Para ingresar un valor, simplemente haga doble click en la celda correspondiente.

数値を入力するには、該当のセルをダブルクリックするだけでいいです。

Cliquear aquí para más información.

詳細はここをクリックしてください。

Puedes seleccionar fragmentos de texto para copiar y pegar.

文章の一部を選択してコピー＆ペーストします。

Para adjuntar una foto al mail, se puede arrastrar la foto directamente a un mensaje de correo electrónico abierto.

メールに写真を添付するには、作成中の電子メールメッセージに写真を直接ドラッグします。

Se les recomienda que salven el documento en formato Word.

文書はワード形式で保存することをお勧めします。

Ayer actualicé el sistema operativo y las aplicaciones.

私は昨日、オペレーションシステムとアプリを更新しました。

# 付録　動詞の活用表

■**規則活用**（①、②、③）　赤字部分が活用変化します。【例】compartir（見出し語番号 027）の場合、規則活用動詞③ですので、-ir 部分が同様に活用変化します。

## ① hablar　話す　ar 動詞規則活用

| 直説法現在形 | 直説法点過去形 | 直説法線過去形 | 接続法現在形 |
|---|---|---|---|
| hablo | hablé | hablaba | hable |
| hablas | hablaste | hablabas | hables |
| habla | habló | hablaba | hable |
| hablamos | hablamos | hablábamos | hablemos |
| habláis | hablasteis | hablabais | habléis |
| hablan | hablaron | hablaban | hablen |

## ② comer　食べる　er 動詞規則活用

| 直説法現在形 | 直説法点過去形 | 直説法線過去形 | 接続法現在形 |
|---|---|---|---|
| como | comí | comía | coma |
| comes | comiste | comías | comas |
| come | comió | comía | coma |
| comemos | comimos | comíamos | comamos |
| coméis | comisteis | comíais | comáis |
| comen | comieron | comían | coman |

## ③ vivir　住む　ir 動詞規則活用

| 直説法現在形 | 直説法点過去形 | 直説法線過去形 | 接続法現在形 |
|---|---|---|---|
| vivo | viví | vivía | viva |
| vives | viviste | vivías | vivas |
| vive | vivió | vivía | viva |
| vivimos | vivimos | vivíamos | vivamos |
| vivís | vivisteis | vivíais | viváis |
| viven | vivieron | vivían | vivan |

## ■再帰動詞の規則活用

動詞の語尾と再帰代名詞（se）が活用変化します。

### 4 aprovecharse 利用する ar動詞

| 直説法現在形 | 直説法点過去形 | 直説法線過去形 | 接続法現在形 |
|---|---|---|---|
| me aprovecho | me aproveché | me aprovechaba | me aproveche |
| te aprovechas | te aprovechaste | te aprovechabas | te aproveches |
| se aprovecha | se aprovechó | se aprovechaba | se aproveche |
| nos aprovechamos | nos aprovechamos | nos aprovechábamos | nos aprovechemos |
| os aprovecháis | os aprovechasteis | os aprovechabais | os aprovechéis |
| se aprovechan | se aprovecharon | se aprovechaban | se aprovechen |

### 5 atreverse 思い切って…する er動詞

| 直説法現在形 | 直説法点過去形 | 直説法線過去形 | 接続法現在形 |
|---|---|---|---|
| me atrevo | me atreví | me atrevía | me atreva |
| te atreves | te atreviste | te atrevías | te atrevas |
| se atreve | se atrevió | se atrevía | se atreva |
| nos atrevemos | nos atrevimos | nos atrevíamos | nos atrevamos |
| os atrevéis | os atrevisteis | os atrevíais | os atreváis |
| se atreven | se atrevieron | se atrevían | se atrevan |

### 6 aburrirse 退屈する ir動詞

| 直説法現在形 | 直説法点過去形 | 直説法線過去形 | 接続法現在形 |
|---|---|---|---|
| me aburro | me aburrí | me aburría | me aburra |
| te aburres | te aburriste | te aburrías | te aburras |
| se aburre | se aburrió | se aburría | se aburra |
| nos aburrimos | nos aburrimos | nos aburríamos | nos aburramos |
| os aburrís | os aburristeis | os aburríais | os aburráis |
| se aburren | se aburrieron | se aburrían | se aburran |

## ■さまざまな不規則活用

### ⑦ abrazar　抱擁する　直説法点過去形の１人称単数形・接続法現在形 (z→c)

| 直説法現在形 | 直説法点過去形 | 直説法線過去形 | 接続法現在形 |
| --- | --- | --- | --- |
| abrazo | abracé | abrazaba | abrace |
| abrazas | abrazaste | abrazabas | abraces |
| abraza | abrazó | abrazaba | abrace |
| abrazamos | abrazamos | abrazábamos | abracemos |
| abrazáis | abrazasteis | abrazabais | abracéis |
| abrazan | abrazaron | abrazaban | abracen |

【例】 adelgazar, aterrizar, memorizar, actualizar

### ⑧ merendar　おやつを食べる　語幹母音変化動詞 (e→ie)

| 直説法現在形 | 直説法点過去形 | 直説法線過去形 | 接続法現在形 |
| --- | --- | --- | --- |
| meriendo | merendé | merendaba | meriende |
| meriendas | merendaste | merendabas | meriendes |
| merienda | merendó | merendaba | meriende |
| merendamos | merendamos | merendábamos | merendemos |
| merendáis | merendasteis | merendabais | merendéis |
| meriendan | merendaron | merendaban | merienden |

【例】 sentar, recomendar

### ⑨ atender　応対する　語幹母音変化動詞 (e→ie)

| 直説法現在形 | 直説法点過去形 | 直説法線過去形 | 接続法現在形 |
| --- | --- | --- | --- |
| atiendo | atendí | atendía | atienda |
| atiendes | atendiste | atendías | atiendas |
| atiende | atendió | atendía | atienda |
| atendemos | atendimos | atendíamos | atendamos |
| atendéis | atendisteis | atendíais | atendáis |
| atienden | atendieron | atendían | atiendan |

## ⑩ comenzar — 始まる

語幹母音変化動詞 (e→ie)
直説法点過去形1人称単数形・接続法現在形 (z→c)

| 直説法現在形 | 直説法点過去形 | 直説法線過去形 | 接続法現在形 |
| --- | --- | --- | --- |
| comienzo | comencé | comenzaba | comience |
| comienzas | comenzaste | comenzabas | comiences |
| comienza | comenzó | comenzaba | comience |
| comenzamos | comenzamos | comenzábamos | comencemos |
| comenzáis | comenzasteis | comenzabais | comencéis |
| comienzan | comenzaron | comenzaban | comiencen |

## ⑪ coger — つかむ

現在形1人称単数形・接続法現在形 (g→j)

| 直説法現在形 | 直説法点過去形 | 直説法線過去形 | 接続法現在形 |
| --- | --- | --- | --- |
| cojo | cogí | cogía | coja |
| coges | cogiste | cogías | cojas |
| coge | cogió | cogía | coja |
| cogemos | cogimos | cogíamos | cojamos |
| cogéis | cogisteis | cogíais | cojáis |
| cogen | cogieron | cogían | cojan |
| 【例】 proteger | | | |

## ⑫ dirigir — 監督する

直説法現在形1人称単数形・接続法現在形 (g→j)

| 直説法現在形 | 直説法点過去形 | 直説法線過去形 | 接続法現在形 |
| --- | --- | --- | --- |
| dirijo | dirigí | dirigía | dirija |
| diriges | dirigiste | dirigías | dirijas |
| dirige | dirigió | dirigía | dirija |
| dirigimos | dirigimos | dirigíamos | dirijamos |
| dirigís | dirigisteis | dirigíais | dirijáis |
| dirigen | dirigieron | dirigían | dirijan |

## 13 elegir 　選ぶ　語幹母音変化動詞 (e→i)
直説法現在形 1 人称単数形・接続法現在形 (g→j)

| 直説法現在形 | 直説法点過去形 | 直説法線過去形 | 接続法現在形 |
|---|---|---|---|
| elijo | elegí | elegía | elija |
| eliges | elegiste | elegías | elijas |
| elige | eligió | elegía | elija |
| elegimos | elegimos | elegíamos | elijamos |
| elegís | elegisteis | elegíais | elijáis |
| eligen | eligieron | elegían | elijan |

## 14 acordar 　合意する　語幹母音変化動詞 (o→ue)

| 直説法現在形 | 直説法点過去形 | 直説法線過去形 | 接続法現在形 |
|---|---|---|---|
| acuerdo | acordé | acordaba | acuerde |
| acuerdas | acordaste | acordabas | acuerdes |
| acuerda | acordó | acordaba | acuerde |
| acordamos | acordamos | acordábamos | acordemos |
| acordáis | acordasteis | acordabais | acordéis |
| acuerdan | acordaron | acordaban | acuerden |
| 【例】 renovar, aprobar, soltar | | | |

## 15 acordarse 　思い出す　語幹母音変化動詞 (o→ue)、再帰動詞

| 直説法現在形 | 直説法点過去形 | 直説法線過去形 | 接続法現在形 |
|---|---|---|---|
| me acuerdo | me acordé | me acordaba | me acuerde |
| te acuerdas | te acordaste | te acordabas | te acuerdes |
| se acuerda | se acordó | se acordaba | se acuerde |
| nos acordamos | nos acordamos | nos acordábamos | nos acordemos |
| os acordáis | os acordasteis | os acordabais | os acordéis |
| se acuerdan | se acordaron | se acordaban | se acuerden |
| 【例】 probarse | | | |

## 16 doler 痛む 語幹母音変化動詞 (o→ue)

| 直説法現在形 | 直説法点過去形 | 直説法線過去形 | 接続法現在形 |
|---|---|---|---|
| duelo | dolí | dolía | duela |
| dueles | doliste | dolías | duelas |
| duele | dolió | dolía | duela |
| dolemos | dolimos | dolíamos | dolamos |
| doléis | dolisteis | dolíais | doláis |
| duelen | dolieron | dolían | duelan |
| 【例】 oler, devolver | | | |

## 17 despedir 解雇する 語根母音変化動詞 (e→i)

| 直説法現在形 | 直説法点過去形 | 直説法線過去形 | 接続法現在形 |
|---|---|---|---|
| despido | despedí | despedía | despida |
| despides | despediste | despedías | despidas |
| despide | despidió | despedía | despida |
| despedimos | despedimos | despedíamos | despidamos |
| despedís | despedisteis | despedíais | despidáis |
| despiden | despidieron | despedían | despidan |

## 18 despedirse 別れのあいさつをする 語根母音変化動詞 (e→i)、再帰動詞

| 直説法現在形 | 直説法点過去形 | 直説法線過去形 | 接続法現在形 |
|---|---|---|---|
| me despido | me despedí | me despedía | me despida |
| te despides | te despediste | te despedías | te despidas |
| se despide | se despidió | se despedía | se despida |
| nos despedimos | nos despedimos | nos despedíamos | nos despidamos |
| os despedís | os despedisteis | os despedíais | os despidáis |
| se despiden | se despidieron | se despedían | se despidan |

## 19 seguir — 従う

語根母音変化動詞 (e→i)
直説法現在形1人称単数形、接続法現在形 (u が消える)

| 直説法現在形 | 直説法点過去形 | 直説法線過去形 | 接続法現在形 |
|---|---|---|---|
| sigo | seguí | seguía | siga |
| sigues | seguiste | seguías | sigas |
| sigue | siguió | seguía | siga |
| seguimos | seguimos | seguíamos | sigamos |
| seguís | seguisteis | seguíais | sigáis |
| siguen | siguieron | seguían | sigan |

## 20 servir — 給仕する

語根母音変化動詞 (e→i)

| 直説法現在形 | 直説法点過去形 | 直説法線過去形 | 接続法現在形 |
|---|---|---|---|
| sirvo | serví | servía | sirva |
| sirves | serviste | servías | sirvas |
| sirve | sirvió | servía | sirva |
| servimos | servimos | servíamos | sirvamos |
| servís | servisteis | servíais | sirváis |
| sirven | sirvieron | servían | sirvan |

## 21 preferir — …の方を好む

語根母音変化動詞 (e→ie)、直説法点過去 (e→i)、
接続法現在 (e→ie、1・2人称複数形では e→i)

| 直説法現在形 | 直説法点過去形 | 直説法線過去形 | 接続法現在形 |
|---|---|---|---|
| prefiero | preferí | prefería | prefiera |
| prefieres | preferiste | preferías | prefieras |
| prefiere | prefirió | prefería | prefiera |
| preferimos | preferimos | preferíamos | prefiramos |
| preferís | preferisteis | preferíais | prefiráis |
| prefieren | prefirieron | preferían | prefieran |

## 22 sentir　感じる

語根母音変化動詞 (e→ie)、直説法点過去 3 人称、接続法現在形 1・2 人称複数形 (e→i)

| 直説法現在形 | 直説法点過去形 | 直説法線過去形 | 接続法現在形 |
|---|---|---|---|
| siento | sentí | sentía | sienta |
| sientes | sentiste | sentías | sientas |
| siente | sintió | sentía | sienta |
| sentimos | sentimos | sentíamos | sintamos |
| sentís | sentisteis | sentíais | sintáis |
| sienten | sintieron | sentían | sientan |

## 23 sentirse　（自分が…だと）感じる

語根母音変化動詞 (e→ie)、直説法点過去 (e→i)、接続法現在 (e→ie、1・2 人称複数形では e→i)、再帰動詞 (o→i)

| 直説法現在形 | 直説法点過去形 | 直説法線過去形 | 接続法現在形 |
|---|---|---|---|
| me siento | me sentí | me sentía | me sienta |
| te sientes | te sentiste | te sentías | te sientas |
| se siente | se sintió | se sentía | se sienta |
| nos sentimos | nos sentimos | nos sentíamos | nos sintamos |
| os sentís | os sentisteis | os sentíais | os sintáis |
| se sienten | se sintieron | se sentían | se sientan |

【例】 divertirse

## 24 actuar　行動する

直説法・接続法現在形 (u→ú)

| 直説法現在形 | 直説法点過去形 | 直説法線過去形 | 接続法現在形 |
|---|---|---|---|
| actúo | actué | actuaba | actúe |
| actúas | actuaste | actuabas | actúes |
| actúa | actuó | actuaba | actúe |
| actuamos | actuamos | actuábamos | actuemos |
| actuáis | actuasteis | actuabais | actuéis |
| actúan | actuaron | actuaban | actúen |

## 25 esquiar 　スキーをする　直説法・接続法現在形 (i→í)

| 直説法現在形 | 直説法点過去形 | 直説法線過去形 | 接続法現在形 |
|---|---|---|---|
| esquío | esquié | esquiaba | esquíe |
| esquías | esquiaste | esquiabas | esquíes |
| esquía | esquió | esquiaba | esquíe |
| esquiamos | esquiamos | esquiábamos | esquiemos |
| esquiáis | esquiasteis | esquiabais | esquiéis |
| esquían | esquiaron | esquiaban | esquíen |

【例】 reenviar, desviar

## 26 reunir 　集める　直説法・接続法現在形 (u→ú)

| 直説法現在形 | 直説法点過去形 | 直説法線過去形 | 接続法現在形 |
|---|---|---|---|
| reúno | reuní | reunía | reúna |
| reúnes | reuniste | reunías | reúnas |
| reúne | reunió | reunía | reúna |
| reunimos | reunimos | reuníamos | reunamos |
| reunís | reunisteis | reuníais | reunáis |
| reúnen | reunieron | reunían | reúnan |

## 27 reunirse 　集まる　直説法・接続法現在形 (u→ú)、再帰動詞

| 直説法現在形 | 直説法点過去形 | 直説法線過去形 | 接続法現在形 |
|---|---|---|---|
| me reúno | me reuní | me reunía | me reúna |
| te reúnes | te reuniste | te reunías | te reúnas |
| se reúne | se reunió | se reunía | se reúna |
| nos reunimos | nos reunimos | nos reuníamos | nos reunamos |
| os reunís | os reunisteis | os reuníais | os reunáis |
| se reúnen | se reunieron | se reunían | se reúnan |

## 28 acercar　近づける　直説法点過去形1人称単数形、接続法現在形 (c→que)

| 直説法現在形 | 直説法点過去形 | 直説法線過去形 | 接続法現在形 |
|---|---|---|---|
| acerco | acerqué | acercaba | acerque |
| acercas | acercaste | acercabas | acerques |
| acerca | acercó | acercaba | acerque |
| acercamos | acercamos | acercábamos | acerquemos |
| acercáis | acercasteis | acercabais | acerquéis |
| acercan | acercaron | acercaban | acerquen |

【例】diagnosticar, fabricar, aparcar

## 29 acercarse　近づく　直説法点過去形1人称単数形、接続法現在形 (c→que)、再帰動詞

| 直説法現在形 | 直説法点過去形 | 直説法線過去形 | 接続法現在形 |
|---|---|---|---|
| me acerco | me acerqué | me acercaba | me acerque |
| te acercas | te acercaste | te acercabas | te acerques |
| se acerca | se acercó | se acercaba | se acerque |
| nos acercamos | nos acercamos | nos acercábamos | nos acerquemos |
| os acercáis | os acercasteis | os acercabais | os acerquéis |
| se acercan | se acercaron | se acercaban | se acerquen |

## 30 apagar　消す　直説法点過去形1人称単数形、接続法現在形 (-gue)

| 直説法現在形 | 直説法点過去形 | 直説法線過去形 | 接続法現在形 |
|---|---|---|---|
| apago | apagué | apagaba | apague |
| apagas | apagaste | apagabas | apagues |
| apaga | apagó | apagaba | apague |
| apagamos | apagamos | apagábamos | apaguemos |
| apagáis | apagasteis | apagabais | apaguéis |
| apagan | apagaron | apagaban | apaguen |

【例】despegar, navegar, descargar, pegar

## 31 negar 否定する

語根母音変化動詞 (e→ie)
直説法点過去1人称単数形、接続法現在形 (-gue)

| 直説法現在形 | 直説法点過去形 | 直説法線過去形 | 接続法現在形 |
|---|---|---|---|
| niego | negué | negaba | niegue |
| niegas | negaste | negabas | niegues |
| niega | negó | negaba | niegue |
| negamos | negamos | negábamos | neguemos |
| negáis | negasteis | negabais | neguéis |
| niegan | negaron | negaban | nieguen |

## 32 caer 落ちる

直説法現在形1人称単数形、接続法現在 (ig を挿入 ) 直
説法点過去3人称 (i→y) 直説法点過去1・2人称 (i→í)

| 直説法現在形 | 直説法点過去形 | 直説法線過去形 | 接続法現在形 |
|---|---|---|---|
| caigo | caí | caía | caiga |
| caes | caíste | caías | caigas |
| cae | cayó | caía | caiga |
| caemos | caímos | caíamos | caigamos |
| caéis | caísteis | caíais | caigáis |
| caen | cayeron | caían | caigan |

## 33 construir 建てる

直説法現在形、接続法現在形 (i→y)

| 直説法現在形 | 直説法点過去形 | 直説法線過去形 | 接続法現在形 |
|---|---|---|---|
| construyo | construí | construía | construya |
| construyes | construiste | construías | construyas |
| contruye | construyó | construía | construya |
| construimos | construimos | construíamos | construyamos |
| construís | construisteis | construíais | construyáis |
| construyen | construyeron | construían | construyan |

## 34 conducir 運転する 直説法現在形1人称単数形、接続法現在形(子音 z を挿入)、直説法点過去形 (c→j)

| 直説法現在形 | 直説法点過去形 | 直説法線過去形 | 接続法現在形 |
|---|---|---|---|
| conduzco | conduje | conducía | conduzca |
| conduces | condujiste | conducías | conduzcas |
| conduce | condujo | conducía | conduzca |
| conducimos | condujimos | conducíamos | conduzcamos |
| conducís | condujisteis | conducíais | conduzcáis |
| conducen | condujeron | conducían | conduzcan |
| 【例】 introducir | | | |

## 35 agradecer 感謝する 直説法現在形1人称単数形、接続法現在形(子音 z を挿入)

| 直説法現在形 | 直説法点過去形 | 直説法線過去形 | 接続法現在形 |
|---|---|---|---|
| agradezco | agradecí | agradecía | agradezca |
| agradeces | agradeciste | agradecías | agradezcas |
| agradece | agradeció | agradecía | agradezca |
| agradecemos | agradecimos | agradecíamos | agradezcamos |
| agradecéis | agradecisteis | agradecíais | agradezcáis |
| agradecen | agradecieron | agradecían | agradezcan |
| 【例】 fallecer | | | |

## 36 parecerse 似ている 直説法現在形1人称単数形、接続法現在形(子音 z を挿入)、再帰動詞

| 直説法現在形 | 直説法点過去形 | 直説法線過去形 | 接続法現在形 |
|---|---|---|---|
| me parezco | me parecí | me parecía | me parezca |
| te pareces | te pareciste | te parecías | te parezcas |
| se parece | se pareció | se parecía | se parezca |
| nos parecemos | nos parecimos | nos parecíamos | nos parezcamos |
| os parecéis | os parecisteis | os parecíais | os parezcáis |
| se parecen | se parecieron | se parecían | se parezcan |

## 37 caber （収容能力、容量）入り得る
直説法現在形1人称単数形、接続法現在形 (cab→quep)、直説法点過去形が不規則活用 (-up-)

| 直説法現在形 | 直説法点過去形 | 直説法線過去形 | 接続法現在形 |
|---|---|---|---|
| quepo | cupe | cabía | quepa |
| cabes | cupiste | cabías | quepas |
| cabe | cupo | cabía | quepa |
| cabemos | cupimos | cabíamos | quepamos |
| cabéis | cupisteis | cabíais | quepáis |
| caben | cupieron | cabían | quepan |

## 38 detener 止める
語幹母音変化動詞 (e→ie)、直説法現在形1人称単数形、接続法現在形 (g を挿入)、点過去形が不規則活用 (-uv-)

| 直説法現在形 | 直説法点過去形 | 直説法線過去形 | 接続法現在形 |
|---|---|---|---|
| detengo | detuve | detenía | detenga |
| detienes | detuviste | detenías | detengas |
| detiene | detuvo | detenía | detenga |
| detenemos | detuvimos | deteníamos | detengamos |
| detenéis | detuvisteis | deteníais | detengáis |
| detienen | detuvieron | detenían | detengan |

## 39 hacer （天候が）…である、する、作る
直説法現在形1人称単数形、接続法現在形 (g を挿入)、点過去形が不規則活用

| 直説法現在形 | 直説法点過去形 | 直説法線過去形 | 接続法現在形 |
|---|---|---|---|
| hago | hice | hacía | haga |
| haces | hiciste | hacías | hagas |
| hace | hizo | hacía | haga |
| hacemos | hicimos | hacíamos | hagamos |
| hacéis | hicisteis | hacíais | hagáis |
| hacen | hicieron | hacían | hagan |

【例】 deshacer

「（天候が）…である」の意味では3人称単数形のみが用いられる。「する」「作る」の意味では主語の人称に合わせて用いられる

## 40 proponer　　提案する
直説法現在形1人称単数形、接続法現在形 (g を挿入 )、点過去形が不規則活用

| 直説法現在形 | 直説法点過去形 | 直説法線過去形 | 接続法現在形 |
|---|---|---|---|
| propongo | propuse | proponía | proponga |
| propones | propusiste | proponías | propongas |
| propone | propuso | proponía | proponga |
| proponemos | propusimos | proponíamos | propongamos |
| proponéis | propusisteis | proponíais | propongáis |
| proponen | propusieron | proponían | propongan |

## 41 ponerse　　着る
直説法現在形1人称単数形、接続法現在形 (g を挿入 )、点過去形が不規則活用

| 直説法現在形 | 直説法点過去形 | 直説法線過去形 | 接続法現在形 |
|---|---|---|---|
| me pongo | me puse | me ponía | me ponga |
| te pones | te pusiste | te ponías | te pongas |
| se pone | se puso | se ponía | se ponga |
| nos ponemos | nos pusimos | nos poníamos | nos pongamos |
| os ponéis | os pusisteis | os poníais | os pongáis |
| se ponen | se pusieron | se ponían | se pongan |

## 42 valer　　有効である
直説法現在形1人称単数形、接続法現在形 (g を挿入 )

| 直説法現在形 | 直説法点過去形 | 直説法線過去形 | 接続法現在形 |
|---|---|---|---|
| valgo | valí | valía | valga |
| vales | valiste | valías | valgas |
| vale | valió | valía | valga |
| valemos | valimos | valíamos | valgamos |
| valéis | valisteis | valíais | valgáis |
| valen | valieron | valían | valgan |

## 43 almorzar　　昼食をとる

語幹母音変化動詞 (o→ue)、直説法点過去形１人称単数形、接続法現在形 (z→c)

| 直説法現在形 | 直説法点過去形 | 直説法線過去形 | 接続法現在形 |
|---|---|---|---|
| almuerzo | almorcé | almorzaba | almuerce |
| almuerzas | almorzaste | almorzabas | almuerces |
| almuerza | almorzó | almorzaba | almuerce |
| almorzamos | almorzamos | almorzábamos | almorcemos |
| almorzáis | almorzasteis | almorzabais | almorcéis |
| almuerzan | almorzaron | almorzaban | almuercen |

## 44 colgar　　つるす

語幹母音変化動詞 (o→ue)、直説法点過去形１人称単数形、接続法現在形 (-gue)

| 直説法現在形 | 直説法点過去形 | 直説法線過去形 | 接続法現在形 |
|---|---|---|---|
| cuelgo | colgué | colgaba | cuelgue |
| cuelgas | colgaste | colgabas | cuelgues |
| cuelga | colgó | colgaba | cuelgue |
| colgamos | colgamos | colgábamos | colguemos |
| colgáis | colgasteis | colgabais | colguéis |
| cuelgan | colgaron | colgaban | cuelguen |

【例】 descolgar

# 名詞（句）

＊名詞（句）は、見開きページの 16 語（句）が
一つのトラックに収められています。

□ 001

# frutería

果物店

*F*

□ 002

# carnicería

肉屋

*F*

□ 003

# pescadería

魚屋

*F*

□ 004

# charcutería

ハム・ソーセージ店

*F*

□ 005

# quesería

チーズ店

*F*

□ 006

# tienda de ultramarinos

食料品店

*F*

□ 007

# heladería

アイスクリーム店

*F*

□ 008

# panadería

パン屋

*F*

☐ 009

## pastelería
*F*

ケーキ屋

☐ 010

## zapatería
*F*

靴屋

☐ 011

## joyería
*F*

宝石店

☐ 012

## tienda de moda
*F*

洋服店、ブティック

☐ 013

## mercería
*F*

手芸・裁縫材料店

☐ 014

## librería
*F*

書店

☐ 015

## papelería
*F*

文房具店

☐ 016

## floristería
*F*

花屋

動詞

名詞（句）

形容詞（句）

副詞

熟語

☐ 017

# centro comercial　ショッピングモール
**M**

☐ 018

# quiosco　キオスク、駅などの売店
**M**

☐ 019

# licorería　酒屋
**F**

☐ 020

# ferretería　金物店
**F**

☐ 021

# peletería　皮革製品店
**F**

☐ 022

# peluquería　美容院
**F**

☐ 023

# tintorería　クリーニング店
**F**

☐ 024

# óptica　眼鏡店
**F**

□ 025

## llamada　　　　　　通話
*F*

□ 026

## contestador
## automático　　　留守番電話
*M*

□ 027

## buzón de voz　　ボイスメール
*M*

□ 028

## teléfono fijo　　固定電話
*M*

□ 029

## (teléfono) móvil　携帯（電話）
*M*

□ 030

## tarjeta SIM　　　SIM カード
*F*

□ 031

## extensión　　　　内線
*F*

□ 032

## teléfono público　公衆電話
*M*

□ 033

## conexión a Internet インターネット接続
*F*

□ 034

## navegador ブラウザー
*M*

□ 035

## nombre de usuario ユーザー名
*M*

□ 036

## contraseña パスワード
*F*

□ 037

## cuenta de usuario ユーザーアカウント
*F*

□ 038

## arroba アットマーク
*F*

□ 039

## chat チャット
*M*

□ 040

## red ネットワーク
*F*

☐ 041

## punto

ドット

*M*

☐ 042

## batería del teléfono

電話のバッテリー

*F*

☐ 043

## wifi

Wi-fi、無線ネットワーク接続

*M*

📝 wi fi とも表記する

☐ 044

## enlace

リンク

*M*

☐ 045

## página web

ウェブページ

*F*

📝 sitio web とも言う

☐ 046

## búsqueda

検索

*F*

☐ 047

## cable

ケーブル

*M*

☐ 048

## locutorio

電話・ファクス・インターネットサービスの店

*M*

動詞

名詞（句）

形容詞（句）

副詞

熟語

□ 049

# pantalla
*F*

ディスプレー、画面

□ 050

# ratón
*M*

マウス

□ 051

# aplicación
*F*

アプリケーション

□ 052

# teclado
*M*

キーボード

□ 053

# disco duro
*M*

ハードディスク

□ 054

# impresora
*F*

プリンター

□ 055

# escáner
*M*

スキャナー

□ 056

# memoria
*F*

メモリー

□ 057

# cursor

カーソル

*M*

□ 058

# archivo

（コンピューター内の）ファイル

*M*

□ 059

# carpeta

フォルダー

*F*

□ 060

# botón de inicio

スタートボタン

*M*

□ 061

# clic

クリック

*M*

□ 062

# copia de seguridad

バックアップ

*F*　　　　直訳 万が一のためのコピー

□ 063

# papelera

ごみ箱

*F*

□ 064

# antivirus

ウイルス駆除プログラム

*M*　　📝 単複同形

□ 065

# pantalón corto　ショートパンツ、短パン
**M**　　📝 複数形（pantalones cortos）が用いられることもある

□ 066

# media　ストッキング
**F**　　📝 主に複数形（medias）が用いられる

□ 067

# sujetador　ブラジャー
**M**

□ 068

# sombrero　（ぐるりとつばのある）帽子
**M**

□ 069

# bikini　ビキニ（女性用水着）
**M**　　📝 biquini とも表記する

□ 070

# braga　（女性用）パンティー
**F**

□ 071

# calzoncillo　（男性用）パンツ
**M**

□ 072

# cazadora　ジャンパー、ブルゾン
**F**

□ 073

## minifalda

ミニスカート

**F**

□ 074

## gorra

野球帽

**F**

□ 075

## guante

手袋

**M**    📝 両手分を表すときは複数形（guantes）

□ 076

## vaquero

ジーンズ

**M**    📝 主に複数形（vaqueros）が用いられる

□ 077

## pijama

パジャマ

**M**

□ 078

## camiseta

Tシャツ

**F**

□ 079

## chaqueta

ジャケット

**F**

□ 080

## uniforme

制服

**M**

□ 081

# anillo
*M*

リング、指輪

□ 082

# pulsera
*F*

ブレスレット

□ 083

# pendiente
*M*

イヤリング

📝 両耳分を表すときは複数形（pendientes）

□ 084

# collar
*M*

ネックレス

□ 085

# gafas de sol
*F*

サングラス

📝 常に複数形

□ 086

# cinturón
*M*

ベルト

□ 087

# pañuelo
*M*

ハンカチ、スカーフ

□ 088

# broche
*M*

ブローチ

☐ 089

# botón
**M**

ボタン

☐ 090

# cremallera
**F**

ファスナー

☐ 091

# corchete
**M**

フック、ホック

☐ 092

# cordón
**M**

ひも

☐ 093

# gemelo
**M**

カフスボタン

🖊 両腕分を表すときは複数形（gemelos）

☐ 094

# lazo
**M**

蝶結び

☐ 095

# horquilla
**F**

ヘアピン

☐ 096

# maquillaje
**M**

化粧

動詞

名詞（句）

形容詞（句）

副詞

熟語

□ 097

# abuelo, -la
**祖父、祖母**

*M* *F*

□ 098

# hermano, -na
**兄弟、兄、弟、姉妹、姉、妹**

*M* *F*　✐「兄弟」「姉妹」の意味では複数形が使われることが多い

□ 099

# tío, -a
**おじ、おば**

*M* *F*

□ 100

# sobrino, -na
**おい、めい**

*M* *F*

□ 101

# yerno
**義理の息子**

*M*

□ 102

# nuera
**義理の娘**

*F*

□ 103

# suegro, -gra
**義理の父、義理の母**

*M* *F*

□ 104

# cuñado, -da
**義理の兄弟、義理の姉妹**

*M* *F*

☐ 105

## mellizo, -za
**M F**

二卵性双生児

☐ 106

## gemelo, -la
**M F**

一卵性双生児、双子

☐ 107

## madrina
**F**

ゴッドマザー、代母

☐ 108

## padrino
**M**

ゴッドファーザー、代父

☐ 109

## adolescente
**M F**　　✎ 男女同形

青年、(思春期の) 若者

☐ 110

## anciano, -na
**M F**

高齢者、お年寄り

☐ 111

## bebé
**M**

赤ちゃん

☐ 112

## pariente, -ta
**M F**　　✎ 男女同形で表すこともある (la pariente)

親戚

動詞

名詞（句）

形容詞（句）

副詞

熟語

□ 113

# lavabo
*M*

洗面台、トイレ

□ 114

# salón
*M*

居間、大広間

□ 115

# sala de estar
*F*

居間、リビングルーム

□ 116

# ático
*M*

ペントハウス

□ 117

# sótano
*M*

地下室

□ 118

# tejado
*M*

屋根

□ 119

# portal
*M*

玄関（の外側）

□ 120

# suelo
*M*

床、地面

□ 121

## patio
M

中庭、パティオ

□ 122

## mesilla de noche
F

ベッドサイドテーブル

□ 123

## comedor
M

ダイニングルーム

□ 124

## cómoda
F

整理だんす

□ 125

## dúplex
M

メゾネット（ハウス）

□ 126

## techo
M

天井

□ 127

## tabique
M

仕切り壁

□ 128

## balcón
M

バルコニー

□ 129

動詞

名詞（句）

形容詞（句）

副詞

熟語

# jabón
**M**

せっけん

□ 130

# gel
**M**

液体ボディソープ

□ 131

# bañera
**F**

浴槽

□ 132

# ducha
**F**

シャワー

□ 133

# champú
**M**

シャンプー

□ 134

# suavizante
**M**

リンス

□ 135

# cepillo de dientes
**M**

歯ブラシ

□ 136

# colonia
**F**

オーデコロン

□ 137

# crema
*F*

クリーム

□ 138

# desodorante
*M*

制汗剤

□ 139

# pasta de dientes
*F*

練り歯磨き、歯磨き粉

□ 140

# peine
*M*

くし

□ 141

# váter
*M*

便器

□ 142

# bidé
*M*

ビデ

□ 143

# grifo
*M*

蛇口

□ 144

# maquinilla de afeitar
*F*

ひげそり用カミソリ

動詞

名詞（句）

形容詞（句）

副詞

熟語

☐ 145

# estómago 胃
**M**

☐ 146

# barriga 腹
**F**

☐ 147

# pulmón 肺
**M**

☐ 148

# cintura 腰、ウエスト
**F**

☐ 149

# codo 肘
**M**

☐ 150

# muñeca 手首
**F**

☐ 151

# tobillo 足首
**M**

☐ 152

# rodilla 膝
**F**

☐ 153

# encía
*F*

歯茎

☐ 154

# diente
*M*

歯

☐ 155

# muela
*F*

奥歯

☐ 156

# mandíbula
*F*

顎

☐ 157

# hueso
*M*

骨

☐ 158

# músculo
*M*

筋肉

☐ 159

# piel
*F*

皮膚

☐ 160

# pelo
*M*

毛、髪の毛

動詞

名詞（句）

形容詞（句）

副詞

熟語

□ 161

## instalación para discapacitados
*F*

障害者施設

□ 162

## parque de bomberos
*M*

消防署

□ 163

## comisaría de policía
*F*

警察署

□ 164

## grandes almacenes
*M*

デパート

📝 常に複数形

□ 165

## parque de atracciones
*M*

遊園地

□ 166

## parada de autobús
*F*

バス停

□ 167

## zona
*F*

地区、ゾーン

□ 168

## centro histórico
*M*

歴史地区

□ 169

## zona comercial

商業地区

*F*

---

□ 170

## calle peatonal

歩行者専用道路

*F*

---

□ 171

## acuario

水族館

*M*

---

□ 172

## balneario

スパ、温泉

*M*

---

□ 173

## cuarto de aseo

化粧室、洗面所

*M*

---

□ 174

## boca de metro

（地上から地下に降りる）
地下鉄駅の出入り口

*F*

---

□ 175

## cajero automático

ATM

*M*

---

□ 176

## aeropuerto

空港

*M*

動詞

名詞（句）

形容詞（句）

副詞

熟語

☐ 177

# cereales
シリアル

**M**

✏️「シリアル」の意味では主に複数形が使われる

☐ 178

# cebolla
たまねぎ

**F**

☐ 179

# col
キャベツ

**F**

☐ 180

# perejil
パセリ

**M**

☐ 181

# apio
セロリ

**M**

☐ 182

# zanahoria
にんじん

**F**

☐ 183

# seta
キノコ

**F**

☐ 184

# filete
ステーキ

**M**

□ 185

# chuleta
*F*

骨付きのあばら肉

□ 186

# jamón
*M*

ハム

□ 187

# gamba
*F*

エビ

□ 188

# merluza
*F*

メルルーサ（白身の魚）

□ 189

# salmón
*M*

サーモン

□ 190

# lenteja
*F*

レンズ豆

📝 複数形（lentejas）で用いられることが多い

□ 191

# mantequilla
*F*

バター

□ 192

# salsa
*F*

ソース

動詞

名詞（句）

形容詞（句）

副詞

熟語

□ 193

## galleta
*F*

クッキー、ビスケット

□ 194

## chocolate
*M*

チョコレート、ココア

□ 195

## chicle
*M*

ガム

□ 196

## caramelo
*M*

キャンディー、キャラメル

□ 197

## tarta
*F*

ケーキ

□ 198

## pastel
*M*

ケーキ、パイ

□ 199

## churro
*M*

チュロス

🖊 複数形（churros）で用いられることが多い

□ 200

## bizcocho
*M*

カステラ、スポンジケーキ

🖊 biscocho とも表記する

☐ 201

# tapa

**タパス**

*F*　　✐ 複数形（tapas）で用いられることが多い

☐ 202

# pincho

**ピンチョス**

*M*　　✐ 複数形（pinchos）で用いられることが多い

☐ 203

# menú del día

**本日のメニュー**

*M*

☐ 204

# aperitivo

**前菜、アペリティフ**

*M*

☐ 205

# primer plato

**（フルコースの）一皿目の料理**

*M*

☐ 206

# segundo plato

**（フルコースの）二皿目の料理**

*M*

☐ 207

# postre

**デザート**

*M*

☐ 208

# cuenta

**勘定、会計**

*F*

□ 209

## vino
M

ワイン

□ 210

## güisqui
M　✐ whisky とも表記する

ウイスキー

□ 211

## aguardiente
M

焼酎

□ 212

## infusión
F

煎じ薬、ハーブティー

□ 213

## licor
M

リキュール

□ 214

## bar
M

バル

□ 215

## taberna
F

居酒屋

□ 216

## receta
F

レシピ

□ 217

# ración

*F*

（料理の）一人前、一皿分

□ 218

# comensal

*M* *F*

食事をとる人、会食者

□ 219

# cubiertos

*M* 　📝 複数形

スプーンやフォークなどの
セット

□ 220

# mantel

*M*

テーブルクロス

□ 221

# recipiente

*M*

容器

□ 222

# servilleta

*F*

ナプキン

□ 223

# palillos

*M* 　📝 複数形

箸

□ 224

# taza de café

*F*

コーヒーカップ

動詞

名詞（句）

形容詞（句）

副詞

熟語

☐ 225

# litro
リットル
**M**

☐ 226

# kilogramo
キログラム
**M**    ✎ kilo とも言う

☐ 227

# gramo
グラム
**M**

☐ 228

# docena
ダース（12 のまとまり）
**F**

☐ 229

# saco
（大きい）袋
**M**

☐ 230

# bote de mermelada
ジャムの瓶
**M**

☐ 231

# paquete de arroz
米のパッケージ（包み）
**M**

☐ 232

# pie
フィート
**M**

☐ 233

# yarda　　　　ヤード
**F**

☐ 234

# acre　　　　エーカー
**M**

☐ 235

# tonelada　　　トン
**F**

☐ 236

# hectárea　　ヘクタール
**F**

☐ 237

# metro cuadrado　平方メートル
**M**

☐ 238

# metro cúbico　立方メートル
**M**

☐ 239

# libra　　　　ポンド
**F**

☐ 240

# vatio　　　　ワット
**M**

動詞

名詞（句）

形容詞（句）

副詞

熟語

☐ 241

# volante
ハンドル

*M*

☐ 242

# acelerador
アクセル

*M*

☐ 243

# freno
ブレーキ

*M*

☐ 244

# embrague
クラッチ

*M*

☐ 245

# bolsa de aire
エアバッグ

*F*  *airbag* とも言う

☐ 246

# intermitente
ウインカー

*M*

☐ 247

# parabrisas
フロントガラス

*M*  単複同形

☐ 248

# neumático
タイヤ

*M*

□ 249

# cinturón de seguridad
*M*

シートベルト

□ 250

# ambulancia
*F*

救急車

□ 251

# coche de bomberos
*M*

消防車

□ 252

# coche patrulla
*M*

パトロールカー

□ 253

# camión
*M*

トラック

□ 254

# furgoneta
*F*

バン

□ 255

# coche descapotable
*M*

オープンカー

□ 256

# coche de alquiler
*M*

レンタカー

動詞
名詞（句）
形容詞（句）
副詞
熟語

☐ 257

# gasolinera

ガソリンスタンド

*F*

☐ 258

# taller mecánico

自動車修理工場

*M*

☐ 259

# estación de servicio

サービスステーション

*F*

☐ 260

# carril

レーン、車線

*M*

☐ 261

# guardia de tráfico

交通警備員

*M* *F*　　📝 男女同形

☐ 262

# infracción de tráfico

交通違反

*F*

☐ 263

# circulación

通行、交通

*F*

☐ 264

# atasco

渋滞

*M*

□ 265

# embotellamiento 渋滞

*M*

□ 266

# caravana キャラバン、車の長い列

*F*

□ 267

# carretera 幹線道路

*F*

□ 268

# aparcamiento 駐車場

*M*

□ 269

# semáforo 信号（機）

*M*

□ 270

# chofer 運転手

*M* *F* 　　　男女同形。chófer とも表記する

□ 271

# autopista 高速道路

*F*

□ 272

# peaje 通行料、料金所

*M*

動詞

名詞（句）

形容詞（句）

副詞

熟語

□ 273

# borrador
*M*

下書き、草案

□ 274

# archivador
*M*

ファイル、キャビネット

□ 275

# archivo
*M*

ファイル

□ 276

# agenda
*F*

予定表

□ 277

# recado
*M*

伝言、言付け

□ 278

# mensaje
*M*

メッセージ

□ 279

# hoja
*F*

シート、紙、紙片

□ 280

# apunte
*M*

メモ

📝 複数（apuntes）で「（学生の）講義ノート」

□ 281

## destinatario, -ria 　名宛て人、受取人

*M* *F*

□ 282

## remitente 　差出人、発送人

*M* *F*

□ 283

## remite 　差出人の住所氏名（の表記）

*M*

□ 284

## buzón de correos 　郵便ポスト

*M*

□ 285

## posdata 　追伸

*F*　　　　✍ 略して P.D. と表記

□ 286

## guion 　脚本

*M*

□ 287

## editorial 　（男性形で）社説
　　　　　　　（女性形で）出版社

*M* *F*

□ 288

## redacción 　作文、（文章などの）作成

*F*

動詞

名詞（句）

形容詞（句）

副詞

熟語

□ 289

# cartero, -ra

郵便配達人

*M F*

□ 290

# azafato, -ta

客室乗務員

*M F*

□ 291

# carpintero, -ra

大工

*M F*

□ 292

# jardinero, -ra

庭師、植木屋

*M F*

□ 293

# traductor, -ra

翻訳者

*M F*

□ 294

# intérprete

通訳者

*M F*　 男女同形

□ 295

# albañil

建設作業員

*M F*　 男女同形

□ 296

# maestro, -ra

教師

*M F*

□ 297

## periodista
**M F**　　📝 男女同形

ジャーナリスト、記者

□ 298

## peluquero, -ra
**M F**

美容師

□ 299

## locutor, -ra
**M F**

アナウンサー

□ 300

## funcionario, -ria
**M F**

公務員

□ 301

## juez, -za
**M F**

裁判官

□ 302

## fiscal, -la
**M F**

検察官

□ 303

## fontanero, -ra
**M F**

配管工

□ 304

## electricista
**M F**　　📝 男女同形

電気工

動詞

名詞（句）

形容詞（句）

副詞

熟語

☐ 305

# obrero, -ra
*M* *F*

労働者

☐ 306

# informático, -ca
*M* *F*

（コンピューター）情報処理の専門家

☐ 307

# empresario, -ria
*M* *F*

企業家、経営者

☐ 308

# conserje
*M* *F*　　　📝 男女同形

コンシェルジュ

☐ 309

# bailarín, bailarina
*M* *F*

ダンサー

☐ 310

# doblador, -ra
*M* *F*

声優

☐ 311

# canguro
*M* *F*　　　📝 男女同形

ベビーシッター

☐ 312

# poeta, -tisa
*M* *F*

詩人

☐ 313

# novelista
**M** **F**　　📝 男女同形

小説家

☐ 314

# fotógrafo, -fa
**M** **F**

写真家、フォトグラファー

☐ 315

# técnico, -ca
**M** **F**

技術者

☐ 316

# científico, -ca
**M** **F**

科学者

☐ 317

# portero, -ra
**M** **F**

門番、ゴールキーパー

☐ 318

# guía
**M** **F**　　📝 男女同形

ガイド、案内者

☐ 319

# astronauta
**M** **F**　　📝 男女同形

宇宙飛行士

☐ 320

# diseñador, -ra
**M** **F**

デザイナー

□ 321

動詞

# agente comercial
**M** **F**    📓 男女同形

販売代理人、セールスレップ

名詞（句）

□ 322

# monitor, -ra
**M** **F**

指導員、コーチ

□ 323

形容詞（句）

# intermediario, -ria
**M** **F**

仲介人

□ 324

副詞

# sustituto, -ta
**M** **F**

代理人、代役

□ 325

# responsable
**M** **F**    📓 男女同形

責任者

熟語

□ 326

# parado, -da
**M** **F**

失業者

□ 327

# presidente, -ta
**M** **F**

社長

□ 328

# candidato, -ta
**M** **F**

候補者

☐ 329

# jugador, -ra
*M* *F*

プレイヤー、（球技種目の）選手

☐ 330

# encargado, -da
*M* *F*

担当者

☐ 331

# jubilado, -da
*M* *F*

退職者

☐ 332

# ejecutivo, -va
*M* *F*

（企業の）上級管理職

☐ 333

# empleado, -da
*M* *F*

従業員

☐ 334

# vigilante
*M* *F*  📝 男女同形

監視員、警備員

☐ 335

# presentador, -ra
*M* *F*

キャスター

☐ 336

# tutor, -ra
*M* *F*

家庭教師、チューター

□ 337

## propietario, -ria
*M F*

所有者

□ 338

## dueño, -ña
*M F*

持ち主、所有者

□ 339

## inquilino, -na
*M F*

借家人、テナント

□ 340

## arrendador, -ra
*M F*

家主

□ 341

## vecino, -na
*M F*

隣人

□ 342

## conocido, -da
*M F*

知り合い、知人

□ 343

## desconocido, -da
*M F*

見知らぬ人

□ 344

## colega
*M F*　　📓 男女同形

同僚

□ 345

## ayudante
助手

*M* *F* 📝 男女同形

□ 346

## autónomo, -ma
個人事業主

*M* *F*

□ 347

## comprador, -ra
買い手

*M* *F*

□ 348

## ciudadano, -na
市民

*M* *F*

□ 349

## auxiliar administrativo, -va
事務アシスタント

*M* *F* 📝 auxiliar は男女同形

□ 350

## cliente, -ta
客

*M* *F*

□ 351

## suministrador, -ra
サプライヤー、供給業者

*M* *F*

□ 352

## vendedor, ra
売り手、販売員

*M* *F*

動詞

名詞（句）

形容詞（句）

副詞

熟語

☐ 353

# foro

*M*

フォーラム

☐ 354

# seminario

*M*

セミナー

☐ 355

# facultad

*F*

学部、（知的）能力

☐ 356

# ingeniería

*F*

工学

☐ 357

# filología

*F*

文献学

☐ 358

# humanidades

*F* 📝 複数形

人文学

☐ 359

# ciencias sociales

*F* 📝 複数形

社会科学

☐ 360

# periodismo

*M*

ジャーナリズム、
ジャーナリズム学

□ 361

# biología　　　　生物学

*F*

□ 362

# licenciatura　　　学士課程

*F*　　🖋 現在、スペインでは学士課程は4年制で、grado と呼ばれている

□ 363

# máster　　　　　修士課程

*M*

□ 364

# doctorado　　　　博士課程

*M*

□ 365

# carrera universitaria 大学の課程

*F*

□ 366

# matrícula　　　　登録

*F*

□ 367

# selectividad　　　大学入学のための選抜試験

*F*

□ 368

# beca　　　　　　　奨学金

*F*

動詞

名詞（句）

形容詞（句）

副詞

熟語

☐ 369

## academia de idiomas 語学学校

*F*

☐ 370

## laboratorio　　　　研究所、実験室

*M*

☐ 371

## curso de formación 研修コース

*M*

☐ 372

## entrevista de trabajo 就職の面接

*F*

☐ 373

## pupitre　　　　　　教室机

*M*

☐ 374

## tutoría　　　　　　チュートリアル

*F*

☐ 375

## regla　　　　　　　規則、定規

*F*

☐ 376

## requisito　　　　　必要条件、要件

*M*

□ 377

# programa del curso コースプログラム

*M*

□ 378

# intelectual 知識人

*M* *F* 📝 男女同形

□ 379

# diploma ディプロマ、修了証

*M*

□ 380

# aula 教室

*F* 📝 単数形は男性冠詞を伴う（el aula）。詳しくは 163 ページ参照

□ 381

# certificado 証明書

*M*

□ 382

# tiza チョーク

*F*

□ 383

# experimento 実験

*M*

□ 384

# sala de profesores 職員室

*F*

動詞

名詞（句）

形容詞（句）

副詞

熟語

☐ 385

## cheque
*M*

小切手

☐ 386

## efectivo
*M*

現金

☐ 387

## ahorro
*M*

貯蓄、節約

☐ 388

## demanda
*F*

需要

☐ 389

## despacho
*M*

オフィス、書斎

☐ 390

## factura
*F*

請求書

☐ 391

## socio, -cia
*M* *F*

（ビジネス）パートナー、会員

☐ 392

## gestión
*F*

手続き、処理、管理

□ 393

## código

（銀行や金融機関の）コード

*M*

□ 394

## formulario

用紙、書式

*M*

□ 395

## transferencia bancaria

銀行振込

*F*

□ 396

## préstamo

ローン、貸し付け

*M*

□ 397

## separación de bienes

（夫婦）財産の分離

*F*

□ 398

## depósito

預金

*M*

□ 399

## consulta

相談

*F*

□ 400

## tarjeta de crédito

クレジットカード

*F*

☐ 401

# pareja de hecho
*F*

事実婚のカップル

☐ 402

# homosexual
*M* *F*     📝 男女同形

同性愛の人

☐ 403

# heterosexual
*M* *F*     📝 男女同形

異性愛の人

☐ 404

# lesbiana
*F*

レズビアン

☐ 405

# bisexual
*M* *F*     📝 男女同形

バイセクシュアルの人

☐ 406

# boda
*F*

結婚式

☐ 407

# gay
*M*

ゲイ

☐ 408

# transexual
*M* *F*     📝 男女同形

トランスセクシャルの人

□ 409

## divorcio 離婚

*M*

□ 410

## política 政治

*F*

□ 411

## político, -ca 政治家

*M F*

□ 412

## diputado, -da 下院議員

*M F*

□ 413

## senador, -ra 上院議員

*M F*

□ 414

## Congreso de los Diputados 下院

*M* スペインで用いられる

□ 415

## Senado 上院

*M* スペインで用いられる

□ 416

## concejal, -la 市町村議会議員

*M F*

動詞

名詞（句）

形容詞（句）

副詞

熟語

□ 417

# médico, -ca　医師
*M* *F*

□ 418

# cirujano, na　外科医
*M* *F*

□ 419

# farmacéutico, -ca　薬剤師
*M* *F*

□ 420

# pediatra　小児科医
*M* *F*　　男女同形

□ 421

# traumatólogo, -ga　整形外科医
*M* *F*

□ 422

# ginecólogo, -ga　婦人科医
*M* *F*

□ 423

# fisioterapeuta　理学療法士
*M* *F*　　男女同形

□ 424

# centro de salud　保健センター
*M*

□ 425

# farmacia de guardia 当番の薬局

*F*

□ 426

# enfermería　医務室

*F*

□ 427

# médico interno,
# médica interna　内科医

*M* *F*

□ 428

# dermatólogo, -ga　皮膚科医

*M* *F*

□ 429

# otorrinolaringólogo,
# -ga　耳鼻咽喉科医

*M* *F*

□ 430

# psicólogo, -ga　心理カウンセラー

*M* *F*

□ 431

# psiquiatra　精神科医

*M* *F*　　🖉 男女同形

□ 432

# oftalmólogo, -ga　眼科医

*M* *F*

□ 433

## calambre
**M**

けいれん

□ 434

## picor
**M**

かゆみ

□ 435

## inflamación
**F**

炎症

□ 436

## fiebre
**F**

熱

□ 437

## alergia
**F**

アレルギー

□ 438

## gripe
**F**

インフルエンザ

□ 439

## catarro
**M**

風邪

□ 440

## tos
**F**

咳

□ 441

# anorexia
拒食症

*F*

□ 442

# bulimia
過食症

*F*

□ 443

# virus
ウイルス

*M*　　　📝 単複同形

□ 444

# infección
化膿

*F*

□ 445

# estreñimiento
便秘

*M*

□ 446

# obesidad
肥満

*F*

□ 447

# fatiga
疲労

*F*

□ 448

# insomnio
不眠（症）

*M*

◀ 🎧 42 ▶

動詞

名詞（句）

形容詞（句）

副詞

熟語

□ 449

## vacuna
**F**
ワクチン

□ 450

## medicamento
**M**
薬

□ 451

## jarabe
**M**
シロップ

□ 452

## aspirina
**F**
アスピリン

□ 453

## tirita
**F**
救急ばんそうこう

□ 454

## píldora
**F**
丸薬、ピル

□ 455

## termómetro
**M**
体温計、温度計

□ 456

## pomada
**F**
軟こう

☐ 457

# antibiótico 抗生物質

*M*

☐ 458

# cápsula カプセル

*F*

☐ 459

# pastilla 錠剤

*F*

☐ 460

# hierba medicinal 薬草、ハーブ

*F*    🖉 yerba と表記することもある

☐ 461

# homeopatía ホメオパシー

*F*

☐ 462

# inyección 注射

*F*

☐ 463

# gota a gota 点滴

*M*

☐ 464

# acupuntura 鍼療法

*F*

動詞

名詞（句）

形容詞（句）

副詞

熟語

□ 465

# análisis

分析、検査

*M*

□ 466

# tratamiento

治療

*M*

□ 467

# terapia

治療法、セラピー

*F*

□ 468

# aromaterapia

アロマセラピー

*F*

□ 469

# masaje

マッサージ

*M*

□ 470

# entumecimiento

しびれ

*M*

□ 471

# parálisis

まひ

*F*  単複同形

□ 472

# autopsia

検死、死体解剖

*F*

□ 473

# quirófano 手術室
M

□ 474

# sala de operaciones 手術室
F

□ 475

# camilla 担架
F

□ 476

# urgencias （病院の）救急センター
F 　　📝 複数形

□ 477

# clínica クリニック、病院
F

□ 478

# consultorio 診療所
M

□ 479

# oído 聴覚、聴力
M

□ 480

# vista 視力、視覚
F

□ 481

## polución
*F*

汚染

□ 482

## tormenta
*F*

嵐

□ 483

## granizo
*M*

ひょう

□ 484

## huracán
*M*

ハリケーン

□ 485

## recursos naturales
*M*　　📝 複数形

天然資源

□ 486

## gota
*F*

しずく

□ 487

## ecología
*F*

エコロジー、生態学

□ 488

## energía alternativa
*F*

代替エネルギー

☐ 489

## meteorología

気象学、天気予報

*F*

☐ 490

## cambio climático

気候変動

*M*

☐ 491

## capa de ozono

オゾン層

*F*

☐ 492

## contaminación

汚染

*F*

☐ 493

## clima

天候、気候

*M*

☐ 494

## biosfera

生物圏、生活圏

*F*

☐ 495

## deforestación

森林破壊

*F*

☐ 496

## atmósfera

大気、空気

*F*

□ 497

## presupuesto 予算

*M*

□ 498

## prácticas 実習

*F*　　📝 複数形

□ 499

## *curriculum vitae* 履歴書

*M*　　📝 ラテン語なのでイタリック体表記。略して CV と表記する

□ 500

## jornada laboral 就業時間

*F*

□ 501

## multinacional 多国籍企業

*F*

□ 502

## negocio ビジネス

*M*

□ 503

## seguridad social 社会保障

*F*

□ 504

## inseguridad ciudadana 治安が悪い状態

*F*　　直訳 市民が安全でないこと

□ 505

# burocracia

官僚制度、官僚主義

*F*

---

□ 506

# DNI

国民身分証明書

*M*　Documento Nacional de Identidad

---

□ 507

# contrato

契約

*M*

---

□ 508

# crédito

クレジット、信用貸し

*M*

---

□ 509

# puesto de trabajo

職

*M*　直訳 仕事のポスト

---

□ 510

# sindicato

労働組合

*M*

---

□ 511

# ascenso

昇進、上昇

*M*

---

□ 512

# descenso

降下、降格

*M*

動詞

名詞（句）

形容詞（句）

副詞

熟語

□ 513

## virtud
*F*

徳、美徳

□ 514

## simpatía
*F*

好感、好意

□ 515

## timidez
*F*

内気

□ 516

## optimismo
*M*

楽観主義

□ 517

## pesimismo
*M*

悲観主義

□ 518

## egoísmo
*M*

利己主義

□ 519

## miedo
*M*

恐怖、不安

□ 520

## generosidad
*F*

寛大さ、気前の良さ

□ 521

## paciencia
忍耐

*F*

□ 522

## tranquilidad
安心

*F*

□ 523

## preocupación
心配

*F*

□ 524

## ira
怒り

*F*

□ 525

## impaciencia
短気、性急

*F*

□ 526

## intranquilidad
不安

*F*

□ 527

## tolerancia
（思想・意見上の）寛容

*F*

□ 528

## risa
笑い

*F*

動詞

名詞（句）

形容詞（句）

副詞

熟語

☐ 529

## violinista
*M* *F*　　🖊 男女同形

バイオリニスト

☐ 530

## musical
*M*

ミュージカル

☐ 531

## músico, -ca
*M* *F*

ミュージシャン、音楽家

☐ 532

## guitarra
*F*

ギター

☐ 533

## instrumento musical
*M*

楽器

☐ 534

## pianista
*M* *F*　　🖊 男女同形

ピアニスト

☐ 535

## violín
*M*

バイオリン

☐ 536

## compositor, -ra
*M* *F*

作曲家

□ 537

## guitarrista
ギタリスト

M F　　　📝 男女同形

□ 538

## espectador, -ra
観客、見物人

M F

□ 539

## zarzuela
サルスエラ（スペインの歌劇）

F

□ 540

## orquesta
オーケストラ

F

□ 541

## director, -ra de orquesta
オーケストラの指揮者

M F

□ 542

## flauta
フルート

F

□ 543

## contrabajo
コントラバス

M

□ 544

## melodía
メロディー

F

□ 545

## poema
M

詩

---

□ 546

## novela
F

小説

---

□ 547

## personaje
M

（社会的に重要な）人物、
登場人物

---

□ 548

## obra de teatro
F

演劇作品

---

□ 549

## escenario
M

ステージ、舞台

---

□ 550

## drama
M

ドラマ

---

□ 551

## comedia
F

喜劇

---

□ 552

## episodio
M

エピソード、（テレビなどの
シリーズ物の）1回分

動詞
名詞（句）
形容詞（句）
副詞
熟語

□ 553

## capítulo

*M*

章、チャプター

□ 554

## cartelera

*F*

（映画館内の）
上映作品案内板

□ 555

## tragedia

*F*

悲劇

□ 556

## protagonista

*M* *F*  📝 男女同形

主人公

□ 557

## sesión

*F*

セッション

□ 558

## taquilla

*F*

切符売り場、窓口

□ 559

## teatro

*M*

劇場

□ 560

## público

*M*

観衆、聴衆

□ 561

# galería de arte　　画廊
*F*

□ 562

# bellas artes　　美術
*F*　　　🖉 複数形

□ 563

# pintura　　絵画
*F*

□ 564

# escultura　　彫刻
*F*

□ 565

# arte contemporáneo　現代芸術
*M*

□ 566

# arte moderno　　近代芸術
*M*

□ 567

# arte abstracto　　抽象芸術
*M*

□ 568

# teatro　　演劇
*M*

□ 569

## grabado

版画

*M*

□ 570

## pintor, -ra

画家

*M* *F*

□ 571

## arquitecto, -ta

建築家

*M* *F*

□ 572

## artes plásticas

造形芸術（絵画・彫刻・建築）

*F*　　　📝 複数形

□ 573

## escultor, -ra

彫刻家

*M* *F*

□ 574

## sección

セクション、部分

*F*

□ 575

## postura

姿勢

*F*

□ 576

## mirada

視線、まなざし

*F*

動詞

名詞（句）

形容詞（句）

副詞

熟語

□ 577

## tique

M

チケット、レシート

📝 ticket と表記するケースもある。

□ 578

## recibo

M

領収書、レシート

□ 579

## etiqueta de precio 値札

F

□ 580

## rebajas

F

バーゲンセール

📝 「バーゲンセール」の意味では常に複数形。単数形（rebaja）は「割引」の意味

□ 581

## probador

M

試着室

□ 582

## seda

F

シルク、絹

□ 583

## lino

M

リネン、麻

□ 584

## lana

F

ウール、羊毛

□ 585

# algodón
**M**

コットン、木綿

□ 586

# cuero
**M**

革

□ 587

# manga corta
**F**

半袖

□ 588

# maniquí
**M**

マネキン（人形）

□ 589

# estilo
**M**

スタイル

□ 590

# ropa
**F**

衣類

□ 591

# talla
**F**

サイズ

□ 592

# escaparate
**M**

ショーケース

動詞

名詞（句）

形容詞（句）

副詞

熟語

☐ 593

litera
*F*

寝台

☐ 594

media pensión
*F*

一泊二食付き

☐ 595

pensión completa
*F*

一泊三食付き

☐ 596

pensión
*F*

民宿、下宿

☐ 597

hostal
*M*

ホステル、
（ホテルより低ランクの）宿

☐ 598

alojamiento
*M*

宿、宿泊先

☐ 599

equipaje
*M*

荷物

☐ 600

tarjeta de embarque
*F*

搭乗券

□ 601

# visado ビザ

*M*

□ 602

# vuelo フライト、便

*M*

□ 603

# puerta de embarque 搭乗ゲート

*F*

□ 604

# punto de encuentro 集合場所

*M*

□ 605

# exceso de equipaje 超過手荷物

*M*

□ 606

# mostrador カウンター

*M*

□ 607

# seguro de viaje 旅行保険

*M*

□ 608

# agencia de viajes 旅行代理店

*F*

□ 609

# voleibol

バレーボール

*M*

中南米では vóleibol と表記することもある

□ 610

# béisbol

野球

*M*

□ 611

# balonmano

ハンドボール

*M*

□ 612

# pelota

ボール

*F*

□ 613

# balón

ボール

*M*

pelota よりも大きいボールのこと

□ 614

# natación

水泳

*F*

□ 615

# senderismo

ハイキング

*M*

□ 616

# atletismo

陸上競技

*M*

□ 617

# submarinismo ダイビング
M

□ 618

# ciclismo サイクリング
M

□ 619

# patinaje スケート
M

□ 620

# patinaje artístico フィギュアスケート
M

□ 621

# gimnasia 体操
F

□ 622

# gimnasia rítmica 新体操
F

□ 623

# árbitro, -tra レフェリー、審判員
M F

□ 624

# entrenador, -ra コーチ、監督
M F

# Memo

# 形容詞（句）／副詞／熟語

動詞

名詞（句）

形容詞（句）

副詞

熟語

□ 001

### arrogante

傲慢な、横柄な

□ 002

### generoso, -sa

寛大な

□ 003

### asustado, -da

おびえている、
怖がっている

□ 004

### animado, -da

活気のある

□ 005

### egoísta

利己的な

□ 006

### altruista

利他的な

□ 007

### deprimido, -da

落ち込んでいる

□ 008

### eufórico, -ca

陶酔状態の、
幸福感に満ちた

Él se cree que es más importante que los demás. Es muy arrogante.

彼はほかの人よりも偉いと思っています。彼は傲慢です。

Hay que ser generoso y compartir con los demás.

寛大になって他人と分かち合うべきです。

El niño está asustado por un muñeco.

子どもは人形におびえています。

La fiesta está muy animada.

パーティーは、とても活気づいています。

Por favor, no seas egoísta.

自分勝手にならないでよ。

Si eres altruista, buscas el bien ajeno sin esperar nada a cambio.

もし君が利他的な人なら、代償を求めずにほかの人にとって良いことをしてあげるでしょう。

Mi amigo Juan está deprimido desde su accidente.

友人のフアンはその事故以降落ち込んでいます。

El público estaba eufórico tras el concierto de Shakira.

シャキーラのコンサートの後、観客は高揚していました。

動詞
名詞（句）
形容詞（句）
副詞
熟語

□ 009

estresado, -da　　ストレスを感じている

□ 010

relajado, -da　　リラックスした

□ 011

nervioso, -sa　　神経質な、緊張した

□ 012

calmado, -da　　落ち着いた

□ 013

vago, -ga　　怠け者の

□ 014

diligente　　勤勉な

□ 015

travieso, -sa　　いたずら好きな

□ 016

reposado, -da　　休ませた、落ち着いた

Javier está muy estresado en el nuevo trabajo.

ハビエルは新しい職場でとてもストレスを感じています。

En la playa de Waikiki todos estábamos relajados.

ワイキキビーチでは皆がリラックスしていました。

Antes de la inyección de la vacuna Pedro se pone muy nervioso.

予防注射の前、ペドロはとても緊張するんです。

Es mejor estar calmado antes de hacer un examen.

試験の前は、落ち着いていたほうがいいですよ。

¡No seas vago y estudia!

怠けないで勉強しなさい！

Siempre está listo para hacer algo, es muy diligente.

いつも何かをしようとしていて、とても勤勉です。

Juanito es muy travieso y siempre acaba siendo castigado.

フアニートはとてもいたずらっ子で、いつもお仕置きされてしまいます。

Tuve la oportunidad de probar un tequila reposado quince años.

15年もののテキーラを飲む機会がありました。

動詞
名詞（句）
形容詞（句）
副詞
熟語

□ 017

## atento, -ta

礼儀正しい、注意深い

□ 018

## introvertido, -da

内向的な

□ 019

## enamorado, -da

恋している

□ 020

## conservador, -ra

保守的な

□ 021

## detallista

よく気がつく

□ 022

## puntual

時間に正確な

□ 023

## impuntual

時間にルーズな

□ 024

## inseguro, ra

不確かな、不安な

Es un señor muy atento, en cuanto me vio se acercó a saludarme.

とても礼儀正しい男性で、私を見るとすぐにあいさつしに来てくれました。

María es muy introvertida y no se atreve a hablar en público.

マリアはとても内向的で、皆の前で話そうとしません。

Si estás enamorado tienes mariposas en la tripa.

もし恋していたら、お腹にちょうちょが飛んでいる(そわそわする)感じがするよ。

Es muy conservador y no acepta fácilmente las cosas nuevas.

とても保守的で、新しいことをなかなか受け入れません。

Roberto es muy detallista, siempre se acuerda de los aniversarios y regala alguna cosa.

ロベルトはとてもよく気の付く人で、記念日をいつも覚えていてプレゼントします。

Rubén es puntual y nunca llega tarde.

ルベンは時間に正確で、絶対に遅刻しません。

No hay nadie que sea impuntual en esta empresa.

この会社では時間にルーズな人はいません。

Julián es muy inseguro y no sabe si lo que hace está bien o mal.

フリアンはとても自信がなく(不安で)、やっていることがちゃんとできているかどうか分からないのです。

動詞

名詞（句）

形容詞（句）

副詞

熟語

☐ 025

impaciente　　　　短気な、忍耐力のない

☐ 026

paciente　　　　　忍耐強い

☐ 027

hablador, ra　　　おしゃべりな

☐ 028

reservado, -da　　口数の少ない、慎重な

☐ 029

responsable　　　責任のある

☐ 030

irresponsable　　　無責任な

☐ 031

formal　　　　　　フォーマルな

☐ 032

informal　　　　　インフォーマルな、
　　　　　　　　　　カジュアルな

# CHECK-3

Raquel es bastante impaciente y no puede esperar a que llegue el ascensor.

ラケルはすぐにいらいらするので、エレベーターが来るまで待てません。

Me dicen que sea paciente, pero quiero saber ahora mismo el resultado del análisis médico.

気長に待てと言われますが、今すぐ医者の検査結果が知りたいんです。

En la clase todos son muy habladores y hay demasiado ruido.

皆がとてもおしゃべりなので、教室はとてもうるさいです。

La gente reservada, por lo general, es más observadora que los demás.

口数の少ない人は、一般的にほかの人よりもよく観察しています。

El Estado es responsable de garantizar la seguridad de las personas.

国家には人々の安全を保障する責任があります。

Iván es un irresponsable, siempre se mete en líos y causa problemas a otras personas.

イバンは無責任で、いつも問題を起こしてほかの人に迷惑をかけています。

Para ir a una reunión formal hay que vestirse correctamente.

フォーマルな会合に行くときには、きちんとした服装をしなければなりません。

En la oficina de Francisco todos visten de manera informal.

フランシスコのオフィスでは、皆カジュアルな服装をしています。

動詞

名詞（句）

形容詞（句）

副詞

熟語

□ 033

**calvo, -va**　　はげの

□ 034

**canoso, -sa**　　白髪の（多い）

□ 035

**castaño, -ña**　　茶色の、栗色の

□ 036

**pelirrojo, -ja**　　赤毛の

□ 037

**largo, -ga**　　長い

□ 038

**deportivo, -va**　　スポーツの

□ 039

**masculino, -na**　　男性の、男性的な

□ 040

**femenino, -na**　　女性の、女性的な

Mi tío es calvo.

私の叔父ははげています。

A los treinta y ocho años tenía todo el pelo canoso.

38歳で完全に白髪でした。

En Japón es normal que las chicas se tiñan el pelo de color castaño.

日本では女子が栗色に髪を染めるのは普通です。

Irlanda es uno de los países donde hay más personas pelirrojas del mundo.

アイルランドは、世界で赤い髪の人が最も多い国の一つです。

El presidente aburrió a todos con un largo discurso.

社長の長ったらしいスピーチで皆は退屈しました。

Los Juegos Olímpicos son un evento deportivo que se celebra cada cuatro años.

オリンピックは4年ごとに開催されるスポーツイベントです。

'Sofá' es un sustantivo masculino.

sofáは男性名詞です。

En Japón hay universidades femeninas.

日本には女子大があります。

動詞
名詞（句）
形容詞（句）
副詞
熟語

□ 041

imprescindible 不可欠の

□ 042

prescindible 無くてもよい、排除可能な

□ 043

indispensable 欠かせない、必須の

□ 044

preocupado, -da 心配な

□ 045

tolerante （思想・宗教などに）寛容な

□ 046

sensible 敏感な

□ 047

insensible 無感覚な

□ 048

sincero, -ra 誠実な

Este libro es de lectura imprescindible.

この本は必読です。

Hay gente que opina que la tableta es prescindible.

タブレット(端末)は無くてもよいという意見の人がいます。

Hoy en día la conexión wifi es indispensable.

現在は、Wi-Fi接続は欠かせません。

Está muy preocupado porque no sabe si podrá entrar en la universidad.

大学に入学できるか分からないので、とても心配しています。

Hay que ser tolerante con las opiniones de otras personas.

他人の意見に寛容でなければなりません。

Tengo la piel sensible.

私は敏感肌です。

Después del accidente, su brazo derecho quedó insensible y no siente nada.

事故後、右腕の感覚が無くなり、何も感じません。

José te dirá siempre lo que piensa. Es muy sincero.

ホセはいつも思っていることを言ってくれるよ。彼はとても誠実なんだ。

□ 049

**lluvioso, -sa**　　雨がちな、雨の多い

□ 050

**nublado, -da**　　曇りの

□ 051

**despejado, -da**　　晴れの

□ 052

**soleado, -da**　　太陽が照っている

□ 053

**radiante**　　輝いている

□ 054

**sombrío, -bría**　　暗い、薄暗い

□ 055

**suave**　　柔らかい、すべすべした

□ 056

**arduo, -dua**　　困難な、骨の折れる

En esta región el otoño es lluvioso.

この地域では、秋は雨が多いです。

Hay gente que se deprime los días nublados.

曇りの日は気分が落ち込む人がいます。

Cuando está despejado dan ganas de salir a la calle.

晴れの日は外出したくなります。

Hay que tener cuidado los días soleados y ponerse
crema de protección solar.

太陽が照っている日は注意し、日焼け止めを塗らなければなりません。

Estuvimos en la playa bajo un sol radiante.

私たちはカンカン照りの太陽の下、ビーチにいました。

Ese piso era grande, pero sombrío.

そのアパートの部屋は広かったのですが、薄暗かったのです。

Esta crema deja la piel muy suave.

このクリームは肌がすべすべになります。

Tras arduos estudios encontraron la vacuna.

大変な研究の末、ワクチンが発見されました。

□ 057

bien comunicado, -da　アクセスが良い

□ 058

mal comunicado, -da　アクセスが悪い

□ 059

sintético, -ca　　　合成の

□ 060

fresco, -ca　　　　新鮮な

□ 061

pasado de moda　流行遅れの

□ 062

de cuadros　　　チェック柄の、格子じまの

□ 063

de lunares　　　水玉模様の

□ 064

de rayas　　　　ストライプの、縦じまの

Este piso está bien comunicado con el centro de la ciudad.

このアパートの部屋は、市の中心部へのアクセスが良いです。

El metro está lejos y no hay autobús. Esta casa está mal comunicada.

地下鉄は遠いしバスは通っていない。この家はアクセスが悪いです。

La ropa de material sintético tiene un tacto muy original.

合成素材の服は手触りが独特です。

El *sushi* de este restaurante es bueno porque el pescado es muy fresco.

このレストランの寿司は、魚が新鮮なのでおいしいです。

Esa ropa está pasada de moda, mejor guárdala.

その服は流行遅れだから、しまっておいた方がいいよ。

La camisa de cuadros es bonita pero no es formal.

チェック柄のシャツはかわいいけど、フォーマルではないよ。

Los vestidos de flamenca suelen ser de lunares.

フラメンコの衣装は水玉模様が多いです。

El traje de rayas es muy elegante y te queda muy bien.

ストライプのスーツはとてもエレガントで、君にとても似合っているよ。

□ 001

# afortunadamente　幸いにも、運よく

□ 002

# desgraciadamente　残念ながら、不運にも

□ 003

# precisamente　まさしく、正確に

□ 004

# anteriormente　以前に、あらかじめ、前もって

□ 005

# justamente　ちょうど、公正に、公平に

□ 006

# particularmente　特に、個別に

□ 007

# verdaderamente　本当に、確かに

□ 008

# especialmente　特別に、特に

Afortunadamente no hubo ningún lesionado.

幸いにもけが人はいませんでした。

Desgraciadamente no tenemos una solución para este problema.

あいにくこの問題の解決策がありません。

Precisamente ese es un error muy común.

まさにそれがよくある間違いです。

Como he mencionado anteriormente, ha cambiado el reglamento.

先に申し上げた通り、規則が変わりました。

Cuando ocurrió el accidente, justamente yo me encontraba en ese lugar.

事故が起きたとき、私はちょうどその場所に居合わせました。

Las vistas desde el mirador son particularmente bonitas.

展望台からの景色は特に美しいです。

Verdaderamente no tengo palabras para expresar como me siento.

私の気持ちを表現する言葉が本当に見つかりません。

Esta tarta la he hecho especialmente para ti.

このケーキは特別に、あなたのために作りました。

動詞

名詞（句）

形容詞（句）

副詞

熟語

☐ 009

# inmediatamente   直ちに、すぐさま

☐ 010

# continuamente   連続的に、絶えず

☐ 011

# instantáneamente   瞬時に

☐ 012

# repetidamente   繰り返し、何度も

☐ 013

# repentinamente   突然、急きょ

☐ 014

# dolorosamente   痛ましく

☐ 015

# admirablemente   見事に、立派に

☐ 016

# perfectamente   完全に、完璧に

Yo intento responder inmediatamente los correos electrónicos.

私はすぐにメールに返信するようにしています。

La inversión directa extranjera en los países en vías de desarrollo ha crecido continuamente en los últimos diez años.

発展途上国における外国直接投資は過去10年間継続して増加しています。

No hay nadie que aprenda inglés instantáneamente.

瞬時に英語を習得する人はいません。

El profesor pidió repetidamente al estudiante que no usase el móvil en la clase.

教師は学生に、教室では携帯電話を使わないよう繰り返し求めました。

Cuando dormía, repentinamente sentí un temblor.

寝ていたとき、突然揺れを感じました。

Las víctimas de los ataques terroristas nos cuentan dolorosamente los terribles momentos que han vivido.

テロの被害者たちは、体験した恐ろしい瞬間を痛ましい思いで我々に話してくれました。

Los cuadros del siglo XVI están conservados admirablemente.

16世紀の絵画が見事に保存されています。

Entiendo perfectamente lo que quieres decir.

君が言いたいことは完全に理解できます。

□ 017

## desesperadamente　必死に、やけになって

□ 018

## severamente　厳しく、深刻に

□ 019

## probablemente　きっと、多分

□ 020

## posiblemente　おそらく、多分

□ 021

## indudablemente　間違いなく、疑いの余地なく

□ 022

## absolutamente　絶対に、完全に

□ 023

## realmente　本当に、現実に

□ 024

## sinceramente　誠実に、心から

動詞

名詞（句）

形容詞（句）

副詞

熟語

Tras el accidente, Miguel pidió ayuda desesperadamente.

事故の後、ミゲルは必死に助けを求めました。

Los movimientos de protesta fueron reprimidos severamente por el gobierno.

抗議活動は政府によって厳しく抑圧されました。

Probablemente la tienda que buscas estará en esta calle.

君が探している店は多分この通りにあるでしょう。

Si usted fuma, muy posiblemente desarrollará la tos seca del fumador, o incluso un cáncer.

喫煙すると、おそらく喫煙者特有の空咳の症状が出始めるでしょうし、癌になるかもしれません。

Esta prueba de ADN determina indudablemente quién es su padre.

このDNA検査で、誰が彼の父親かがはっきりするでしょう。

Estoy absolutamente seguro de que un diálogo entre EE.UU.* y Corea del Norte es posible.

私は米国と北朝鮮の対話は可能だと確信しています。

Hay muchos estudiantes que no saben lo que quieren estudiar realmente.

本当に勉強したいことが分からない学生がたくさんいます。

Sinceramente te ofrezo mis disculpas.

君に心から謝罪します。

---

＊ EE.UU.：「合衆国」を意味する略語で、米国のことを指す

動詞
名詞（句）
形容詞（句）
副詞
**熟語**

□ 001

tratar de + 不定詞 　　…しようと試みる

□ 002

referirse a 　　…について言及する

□ 003

verse obligado a + 不定詞 　　…せざるを得ない

📝 obligado は主語に性・数を一致させる

□ 004

dar a luz 　　出産する

□ 005

salirle bien 　　うまくいく

□ 006

irle bien 　　都合がよい、うまくいく

□ 007

volver a + 不定詞 　　再び…する、…しなおす

□ 008

dejar de + 不定詞 　　…することをやめる、…が止む

Ella trata de aprender inglés viendo películas americanas.

彼女はアメリカ映画を見て英語を学ぼうとしています。

Me refiero a la clase de lingüística.

私が言っているのは言語学の授業のことです。

Juan se vio obligado a dejar la universidad debido a la situación económica de su familia.

フアンは家庭の経済的事情で大学をやめざるを得ませんでした。

Carmen dio a luz en casa de sus padres.

カルメンは実家で出産しました。

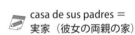 casa de sus padres = 実家（彼女の両親の家）

¿Te salió bien el examen? A mí no me salió muy bien.

君は試験はうまくいった？　僕はあまりうまくいかなかったよ。

¿Te va bien el martes a las cuatro?

火曜の4時は都合はいいかな？

¿Podría volver a explicármelo?

もう一度私に説明してくださいませんか？

Por favor, deja de decir tonterías.

お願いだから、ばかなことを言うのはやめてください。

動詞

名詞（句）

形容詞（句）

副詞

**熟語**

□ 009

ponerse a + 不定詞 　…し始める

□ 010

estar a punto de
+ 不定詞　　　　　今にも…するところだ

□ 011

deber de + 不定詞　…するはずだ

□ 012

echarse a + 不定詞　…し始める

　　📝 主に感情を表す行為。

□ 013

romper a + 不定詞　…し出す

　　📝 使える不定詞は、llorar, hablar, gritar などに限られる

□ 014

llevar + 現在分詞　…し続けている

□ 015

tomarle el pelo　　からかう

□ 016

puesto que + 直説法　…だから、…である以上

Ponte a estudiar.

勉強に取り掛かりなさい。

Está a punto de llover.

今にも雨が降りそうだよ。

Sandra debe de saber un secreto importante de su marido.

サンドラは彼女の夫の重要な秘密を知っているに違いありません。

Pablo se echó a reír de repente.

パブロは突然笑い始めました。

Cuando vio a su madre, Lucía rompió a llorar.

ルシアはお母さんに会うなり、泣き出しました。

Lleva cocinando tres horas y todavía no ha acabado de hacer la cena.

3時間も料理をし続けているのに、まだ晩ご飯ができあがっていません。

No me tomes el pelo.

からかわないでよ。

Hoy el museo tiene que estar cerrado, puesto que es lunes.

今日は月曜日なので、美術館は閉まっているはずです。

動詞
名詞（句）
形容詞（句）
副詞
熟語

□ 017

ya que + 直説法 | …であるからには、…なのだから

□ 018

a pesar de | …にもかかわらず

□ 019

no obstante | しかしながら

□ 020

en cambio | 他方、それに対して

□ 021

dentro de + 期間 | （期間）以内に、（期間）後に

□ 022

debido a | …のせいで

□ 023

en un principio | 最初は、当初は

□ 024

en principio | 原則として、仮に

Ya que estamos en Bilbao, hay que ir al Guggenheim.

せっかくビルバオにいるのだから、グッゲンハイム美術館に行かなくちゃ。

A pesar de la distancia, España y Japón tienen mucho en común.

日本とスペインは距離的に離れているにもかかわらず、共通点が多いです。

En la escuela está prohibido usar el móvil. No obstante, se permite en algunos casos excepcionales.

学校では携帯電話の使用は禁止されています。しかしながら、例外的なケースでは許可されることがあります。

El consumo de leche fresca se ha reducido, en cambio, ha aumentado el de productos lácteos.

牛乳の消費量は減少しましたが、他方乳製品の消費量は増えています。

El paquete llegará a Japón dentro de dos semanas.

小荷物は2週間後に日本に到着するでしょう。

Debido al mal tiempo el avión no pudo aterrizar.

悪天候のため、飛行機は着陸できませんでした。

En un principio no me sentía capaz de hacerlo yo sola.

最初は私(女)一人でできるとは思いませんでした。

En principio, no necesitan hacer ningún trámite.

原則として、手続きは何もする必要はありません。

□ 025

## de todas maneras　いずれにしても、とにかく

□ 026

## de todos modos　いずれにしても、とにかく

□ 027

## o sea　すなわち

□ 028

## es decir　つまり

□ 029

## en resumen　要するに、まとめると

□ 030

## en cuanto a　…に関して、…について

□ 031

## asimismo　同様に

□ 032

## sin embargo　しかしながら、…にもかかわらず

動詞

名詞（句）

形容詞（句）

副詞

熟語

Iré de todas maneras aunque sea peligroso.

とにかく、危険でも私は行きます。

No insistas. Lo voy a comprar de todos modos.

とやかく言うな。いずれにしても僕は買うよ。

El comunicado es de las 15:00, o sea, de hace 30 minutos.

この公式声明は15時のものです。つまり、30分前のものです。

En Argentina hay unos cuarenta millones de habitantes y cincuenta y ocho millones de vacas. Es decir, hay más ganado que personas.

アルゼンチンは人口が約4000万人で牛が5800万頭います。つまり、人よりも家畜の方が多いのです。

En resumen, carecemos de una política exterior y de seguridad energética común.

要するに、我々には共通の外交(政策)並びにエネルギー保障政策が欠けているのです。

En cuanto a la energía nuclear, hay mucha gente que está en contra.

原子力エネルギーに関しては、反対する人がたくさんいます。

Asimismo, hemos votado a favor del artículo 13.

我々は同様に、第13条に賛成の票を投じました。

Teníamos entradas. Sin embargo, no nos dejaron entrar.

私たちは入場券を持っていたのに、入れてもらえませんでした。

# スペイン語のミニ文法

スペイン語は日本語話者にとって耳になじみやすい言語です。耳から聞いて覚えることを目的としている本書では、細かな文法には触れませんが、本書の例文を理解する助けとなるように、最小限の説明に絞って記します。

## 1 　発音と表記

### 1.1　母音

　スペイン語の母音は日本語とほぼ同じ5つです。開母音（/a/, /e/, /o/）と閉母音（/i/, /u/）が連続して現れる場合、そして、閉母音が連続して現れる場合、2重母音を構成します。2重母音は1つの音節として扱われます。これは、1.3で説明する単語のアクセントの位置を判断するために知っておくと便利です。

### 1.2　子音

　英語や日本語のローマ字読みの慣習と異なり注意が必要となる子音を取り上げておきましょう。

- j, g：喉の奥から息を吐く際に出る音です。

| ja［ハ］ | ji［ヒ］ | ju［フ］ | je［ヘ］ | jo［ホ］ |
|---|---|---|---|---|
| | gi［ヒ］ | | ge［ヘ］ | |

- 日本語のガ行、カ行の音は次のように表記します。

| ga［ガ］ | gui［ギ］ | gu［グ］ | gue［ゲ］ | go［ゴ］ |
|---|---|---|---|---|
| ca［カ］ | qui［キ］ | cu［ク］ | que［ケ］ | co［コ］ |

- ü は次のように発音します。

| güi［グイ］ | güe［グエ］ |
|---|---|

　k はスペイン語では、外来語以外には用いられず［例：kilo（キロ）］、カ行の表記には c が用いられます［Corea（韓国）］。

　h は無音で、発音しません。

　r と l は、日本人が苦手とする音ですが、r は、舌端で歯茎を軽く弾き発音します。語頭に来た場合は舌先を複数回振動させます。語中で rr というよう

に連続してつづられた場合や、l, n, s の直後に来る場合も同様に舌先を複数回振動させます。

l は舌先を上歯茎の後ろにつけて発音します。

ll は、日本語の「リャ行」または「ジャ行」に似た音です。たとえば、スペイン料理のパエリアは paella とつづり、パエリャまたはパエジャのように発音します。

## 1.3 アクセント

スペイン語のアクセントには、以下のような基本的な規則があります。
1) 母音または -n, -s で終わる単語は、後ろから 2 番目の音節を強く発音します。
　　【例】　casa　　家　　　　España　　　スペイン
2) -n, -s 以外の子音で終わる単語は、一番後ろの音節を強く発音します。
　　【例】　papel　　紙　　　　arroz　　　　米
3) アクセント符号がついている場合は、その母音を強く発音します。
　　【例】　Japón　　日本　　　　intérprete　　通訳
このルールに従って、アクセントのある音節を強く発音します。1.1 で見た2 重母音は 1 つの音節として数えます。
　　【例】　cuento　物語　　　　estación　　　駅

## 1.4 符号

スペイン語の疑問文や感嘆文では、文の最初と最後に疑問符や感嘆符をつけます。最初の符号は、逆さまにしてつけますので、なんだかお茶目な感じがしますね。

スペイン語の語順は、基本的には自由度が高く、主語と動詞の位置はどちらが先に来るかは自由です。平叙文を疑問文にするときも、文末のイントネーションを少し上げれば、語順を変えなくても、疑問文になります。
　　【例】
　　Ellos viven aquí.　　彼らはここに住んでいる。（主語＋動詞＋副詞）
　　Viven ellos aquí.　　彼らはここに住んでいる。（動詞＋主語＋副詞）
　　¿Viven ellos aquí?　　彼らはここに住んでいますか？（動詞＋主語＋副詞）

スペイン語の動詞には、辞書に載っている不定詞と呼ばれる原形と、人称と数（1〜3人称単数・複数形）や時制などの文法的機能を表すために変化する活用形があります。

動詞は -ar 動詞、-er 動詞、-ir 動詞の3種類に分類されます。それぞれ、語尾の -ar, -er, -ir の部分が人称に応じて6通りに変化し、活用します。動詞の活用は付録の「動詞の活用表（規則活用、不規則活用）」（34〜48ページ）を参照してください。

## 2.1 再帰動詞

動詞の中には不定詞の最後に se が記載されているものがあります。例えば、動詞の活用表⑥の aburrirse を見てください。

aburrir は「退屈させる」という意味で、他動詞です。この aburrir に再帰代名詞の se をつけ、aburrirse にすると、「自分自身を退屈させる」、つまり、「退屈する」という意味の自動詞になります。この再帰代名詞の se は人称に合わせて、me, te, se, nos, os, se のように活用し、「私が退屈する」なら me aburro、「君が退屈する」なら te aburres というように、動詞の語尾と再帰代名詞の両方が活用します。

## *3* 名詞

### 3.1 名詞の性

スペイン語の名詞は文法上の性（男性・女性）があり、基本的には、-o で終わるのが男性名詞、-a で終わるのが女性名詞です。

### 3.2 名詞の数

そして、単数・複数の区別があります。母音で終わっている名詞の単数形に -s を、子音で終わっている名詞の単数形に -es をつけると、複数形になります。メガネ（las gafas）のように通常、複数形で用いられるものもあれば、傘（el paraguas / los paraguas）のように単複同形のものもあります。また、水（agua）などの不可算名詞は、普通は、複数形は使われません。

名詞の性・数に合わせて、冠詞、形容詞、指示詞、所有詞は性・数変化します。

## 4 　　　　　　　　　　冠詞

　スペイン語には 2 種類の冠詞があり、定冠詞、不定冠詞と呼ばれています。それぞれ、名詞の性・数に合わせて変化します。

| | 単数 | | | 複数 | |
|---|---|---|---|---|---|
| | 男 | 女 | 中性 | 男 | 女 |
| 不定冠詞 | un | una | | unos | unas |
| 定冠詞 | el | la | lo | los | las |

　アクセントのある a（または ha）で始まる女性名詞単数形の直前につける定冠詞は男性形の el を用い（例 el agua）、不定冠詞も un が用いられることがあります（例 un alma）。

　前置詞の de や a の直後に定冠詞の単数男性形 el が来る場合、それぞれ del、al となります（例 del libro, al cine）。

## 5 　　　　　　　　　　人称代名詞

　話し手を指し示すのが 1 人称、聞き手を指し示すのは 2 人称、その他は 3 人称で表されます。注意が必要なのは、コミュニケーション上の聞き手を指し示す代名詞が 2 種類あり、親疎や力関係に応じて使い分けられる点です。親しい間柄なら 2 人称の tú（君は）や vosotros（君たちは）を用います。聞き手との間に距離感を示したいときは 3 人称の usted（あなたは）や ustedes（あなたがたは）が用いられます。複数の聞き手に言及する場合、中南米では一般的に 2 人称の複数形の vosotros は用いられず、3 人称の複数形の ustedes が用いられます。アルゼンチンやパラグアイ、ボリビアなどでは、tú の代わりに親しい間柄を示す 2 人称単数形の vos が用いられる地域もあります。

　1 人称と 2 人称の複数形は男性形と女性形があります。以上をまとめたのが次ページの表です。

| 数 | 単数 | | | | | 複数 | | | | |
|---|---|---|---|---|---|---|---|---|---|---|
| 人称 | 1 | 2 | 3 | | | 1 | 2 | 3 | | |
| 主語 | yo | tú | usted* | él | ella | nosotros, -tras | vosotros, -tras | ustedes | ellos | ellas |
| | 私は | 君は | あなたは | 彼は | 彼女は | 私たちは | 君たちは | あなた方は | 彼らは | 彼女らは |

＊ usted は Ud. と略して表記される

<br>

**6** ████ **形容詞** ████

　形容詞は名詞を修飾し、名詞と性数一致します。通常は名詞の後ろに置きますが、前に置くと意味が変わるものがあります。たとえば nuevo（新しい）を用いた例を見てみましょう。

| | | | |
|---|---|---|---|
| un coche nuevo | 1 台の新しい車 | unos coches nuevos | 数台の新しい車 |
| una casa nueva | 1 軒の新しい家 | unas casas nuevas | いくつかの新しい家 |
| la nueva casa | 今度の家 | la casa nueva | 新しい家 |

<br>

**7** ████ **副詞** ████

　副詞は、動詞、形容詞、他の副詞を修飾し、性・数の変化はありません。形の上からは -mente のついている副詞（tranquilamente など）と、-mente のついていない副詞（bien など）に分かれます。

　形容詞の女性単数形に接尾辞 -mente をつけると副詞になります。

【例】 tranquilo（落ち着いた）　→　tranquilamente（落ち着いて）

　男女同形の形容詞は単数形に -mente をつけます。

【例】 fácil（簡単な）　　　　　→　fácilmente（簡単に）

　-mente で終わる副詞は、2 カ所にアクセントがあります。元の形容詞の強勢と -mente の強勢を維持します。たとえば fácilmente のように下線で示した 2 カ所にアクセントを置いて発音します。

　スペイン語には直説法、接続法、命令法の３つの叙法があります。本書では、直説法の動詞の時制に加えて、接続法現在形も活用表に掲載し、8.5 で接続法現在の用法について説明します。本書の動詞活用表では、最も頻繁に用いられる直説法現在形、点過去形、線過去形に加えて、接続法現在形の活用を紹介しています。この文法解説では、直説法の現在、点過去、線過去と、接続法現在の用法について簡単に説明します。

　時制の用法は、どの時制で起きた出来事かによって用いられる時制が客観的に決定される場合と、話者の主観的態度を表すためにさまざまな時制が用いられる場合があります。例えば、未来のことを現在形で述べることにより、確実性が高いというニュアンスを出したり、過去の出来事を現在形で述べることにより、歴史的事実としての真実性や語りの迫真性を高めたりする効果を出すことができます。つまり、用いられた時制によって、発話内容が客観的に描写されるだけではなく、話者の発話態度、つまり、発話のニュアンスが決定されるという側面があるのです。

## 8.1　直説法現在

　直説法現在は、コミュニケーションが行われている「今」に関わる出来事や現象に言及する際に用いられます。例えば、

　Juro decir la verdad.　真実を言うことを誓います。

のように発話を「発話がなされた瞬間（今）」に関連付けます。また、発話がなされた瞬間（今、ここ）を中心に広がるやや幅広い「現在」に関連付けて用いることもあります。例えば、

　Hoy como con los amigos.　今日は友人たちと食事をする。

のように、厳密には未来の行為に言及していますが、hoy（今日）という「今」を少し幅広くした「現在」の範囲内に起きる出来事に現在形を用いることにより、実現可能性（確実性）が高いというニュアンスが出ます。

　また、現在進行形の行為も現在形で表現されます。例えば、

　Estudio español.　スペイン語を勉強する／勉強しています。

は、現在進行形の意味にもなります。そして、過去の出来事を現在形で表現することにより歴史的な事実として提示します。

Colón zarpa de Palos el 3 de agosto de 1492.
コロンブスはパロスを 1492 年 8 月 3 日に出港します。
などがこの用法に当たります。

## 8.2　直説法点過去

点過去は、過去の出来事、行為、状態を完結したものとして表します。例えば、

Arturo fue a la biblioteca la semana pasada.
アルトゥーロは先週図書館に行った。

なら、「行く」という行為が完結したことを表しています。点過去形は、ayer（昨日）、anoche（昨晩）、el año pasado（去年）、el mes pasado（先月）、la semana pasada（先週）、hace tres días（3 日前）などの時を表す副詞句とともに用いられる傾向があります。

## 8.3　直説法線過去

線過去は過去に繰り返し行われた行為や出来事や過去の習慣を表します。

【例】　Los domingos íbamos a casa de mis abuelos.
日曜日は祖父母の家に行ったものでした。

また、線過去を用いることにより丁寧さを表すこともできます。

【例】　Quería pedirle un favor.　ひとつお願いしたいことがあるのですが。

また、従属節中の動詞が時制の一致を受けて過去形になる場合は、線過去形が用いられます。

【例】　Me dijeron que ibais vosotros.　私は君たちが行くと言われました。

時間や年齢を過去形で述べる際は線過去を用います。

【例】　Eran las seis.　6 時でした。　Tenía diez años.　10 歳でした。

線過去は、過去の出来事や状態を描写しますが、それらが完了したかどうかは明らかにされません。例えば、

Iba a la biblioteca cuando recibí la llamada.
電話をもらったとき、図書館へ行くところだった。

では、電話の後、大学へ行ったのか、予定を変更して大学へは行かなかったのかが、iba という線過去形からは不明です。

### 8.4  点過去と線過去

　点過去が行為や出来事が過去に完結したことをはっきり表すのに対して、線過去は、過去の出来事や状態を描写しますが、行為や出来事の起点と終点ははっきりと表されません。例えば、

Cuando volví a casa, mi padre no estaba.　うちに帰ったら、父はいなかった。

のように volví（点過去形）を用いると行為が完了したことが表されますが、線過去を用いると、

Cuando volvía a casa, me encontré con Nacho.
　うちに帰るとき、ナチョに会った。

のように、完結していない行為や出来事が表されます。つまり、点過去が、さまざまな出来事が起きたり、ストーリーを展開させていくのに対し、線過去は、過去の状態の回想やストーリーの背景描写をするのです。例えば、

Cuando se despertó Juan, aún estaba oscuro.
　フアンが目を覚ましたとき、まだ暗かった。

では、「フアンが目を覚ました」というのが完結した出来事で、点過去で表され、「暗かった」はその出来事が生じたときの背景状態を描写したもので、線過去が用いられています。点過去形は完了した一度の行為や出来事を表し、線過去形は何度も繰り返された行為や出来事を表します。点過去形を用いて

Fui a la playa y tomé el sol.　ビーチに行って、日光浴をした。

なら、過去の一度の出来事が完了した様が述べられていますが、線過去形を用いて、

De niño, iba a la playa y tomaba el sol.
　子どものとき、ビーチにいって日光浴をしたものです。

なら、過去に繰り返しなされた行為や出来事が表現されているのです。

### 8.5  接続法現在

　直説法はさまざまな事象を現実に起きること、起こったこととして客観的に述べるときに使われます。他方、接続法は不確実なことや、願望・仮定・譲歩など、主観的な視点から述べるときに使われます。ojalá や quizás などで始まる独立文や命令法の一部でも接続法が用いられますが、主に que や donde や cuando などの後の従属節で用いられます。いくつか例を挙げておきます。

接続法現在形の活用形は活用表（pp. 34-48）に記載してありますので、覚えるときに活用してください。

1）願望を表す独立文
　【例1】　Ojalá me toque la lotería.　宝くじが当たるといいなあ。

2）主節が願望・禁止・疑惑・可能性・感情・命令などを表す場合
　【例2】　Quiero que me ayudes.　（私は君が私を助けることを欲する）
　　　　　私は君に助けてほしい。
　【例3】　No creo que tenga la llave José.　私はホセが鍵を持っているとは思わない。

3）従属節で表す内容が事実かどうか不明、または未確定の場合
　【例4】　Puedes venir cuando quieras.　（君は君が好むときに来ることができる→「君が好きなとき」がいつなのか不明）君はいつでも好きなときに来ていいですよ。
　【例5】　Aunque lo sepa, no te lo dirá.　（知っているかどうか分からないが）そのことを知っていても、君には言わないだろう。

（直説法を使う場合）
　【例6】　Aunque lo sabe, no te lo dirá.　そのことを知っているが、君には言わないだろう。

　客観的に事実を述べる場合には直説法を使い（例6）、不確実性を表現する場合には接続法を用いる（例5）など、使い分ける場合もあります。
　客観的に事実を述べるのが直説法、不確定さ・疑惑・可能性などを主観的に表すのが接続法の主な機能です。

# 見出し語索引

| | | | |
|---|---|---|---|
| atmósfera | 名 | 496 | 111 |
| aula | 名 | 380 | 97 |
| autónomo, -ma | 名 | 346 | 93 |
| autopista | 名 | 271 | 83 |
| autopsia | 名 | 472 | 108 |
| auxiliar administrativo, -va | 名 | 349 | 93 |
| ayudante | 名 | 345 | 93 |
| azafato, ta | 名 | 290 | 86 |
| B bailarín, bailarina | 名 | 309 | 88 |
| balcón | 名 | 128 | 65 |
| balneario | 名 | 172 | 71 |
| balón | 名 | 613 | 126 |
| balonmano | 名 | 611 | 126 |
| bañera | 名 | 131 | 66 |
| bar | 名 | 214 | 76 |
| barriga | 名 | 146 | 68 |
| batería del teléfono | 名 | 042 | 55 |
| bebé | 名 | 111 | 63 |
| beca | 名 | 368 | 95 |
| béisbol | 名 | 610 | 126 |
| bellas artes | 名 | 562 | 120 |
| bidé | 名 | 142 | 67 |
| bien comunicado, -da | 形 | 057 | 144 |
| bikini | 名 | 069 | 58 |
| biología | 名 | 361 | 95 |
| biosfera | 名 | 494 | 111 |
| bisexual | 名 | 405 | 100 |
| bizcocho | 名 | 200 | 74 |
| boca de metro | 名 | 174 | 71 |
| boda | 名 | 406 | 100 |
| bolsa de aire | 名 | 245 | 80 |
| borrador | 名 | 273 | 84 |
| bote de mermelada | 名 | 230 | 78 |
| botón | 名 | 089 | 61 |
| botón de inicio | 名 | 060 | 57 |
| braga | 名 | 070 | 58 |
| broche | 名 | 088 | 60 |
| bulimia | 名 | 442 | 105 |
| burocracia | 名 | 505 | 113 |
| búsqueda | 名 | 046 | 55 |
| buzón de correos | 名 | 284 | 85 |
| buzón de voz | 名 | 027 | 53 |
| C cable | 名 | 047 | 55 |
| cajero automático | 名 | 175 | 71 |
| calambre | 名 | 433 | 104 |
| calle peatonal | 名 | 170 | 71 |
| calmado, -da | 形 | 012 | 132 |
| calvo, -va | 形 | 033 | 138 |
| calzoncillo | 名 | 071 | 58 |
| cambio climático | 名 | 490 | 111 |
| camilla | 名 | 475 | 109 |
| camión | 名 | 253 | 81 |
| camiseta | 名 | 078 | 59 |
| cancelar | 動 | 050 | 20 |
| candidato, -ta | 名 | 328 | 90 |
| canguro | 名 | 311 | 88 |
| canoso, -sa | 形 | 034 | 138 |
| cansarse | 動 | 013 | 10 |
| capa de ozono | 名 | 491 | 111 |
| capítulo | 名 | 553 | 119 |
| cápsula | 名 | 458 | 107 |
| caramelo | 名 | 196 | 74 |
| caravana | 名 | 266 | 83 |
| carnicería | 名 | 002 | 50 |
| carpeta | 名 | 059 | 57 |
| carpintero, -ra | 名 | 291 | 86 |
| carrera universitaria | 名 | 365 | 95 |
| carretera | 名 | 267 | 83 |
| carril | 名 | 260 | 82 |
| cartelera | 名 | 554 | 119 |
| cartero, -ra | 名 | 289 | 86 |
| castaño, -ña | 形 | 035 | 138 |
| catarro | 名 | 439 | 104 |
| cazadora | 名 | 072 | 58 |
| cebolla | 名 | 178 | 72 |
| centro comercial | 名 | 017 | 52 |
| centro de salud | 名 | 424 | 102 |
| centro histórico | 名 | 168 | 70 |
| cepillo de dientes | 名 | 135 | 66 |
| cereales | 名 | 177 | 72 |

| | | | |
|---|---|---|---|
| certificado | 名 | 381 | 97 |
| champú | 名 | 133 | 66 |
| chaqueta | 名 | 079 | 59 |
| charcutería | 名 | 004 | 50 |
| chat | 名 | 039 | 54 |
| cheque | 名 | 385 | 98 |
| chicle | 名 | 195 | 74 |
| chocolate | 名 | 194 | 74 |
| chofer | 名 | 270 | 83 |
| chuleta | 名 | 185 | 73 |
| churro | 名 | 199 | 74 |
| ciclismo | 名 | 618 | 127 |
| ciencias sociales | 名 | 359 | 94 |
| científico, -ca | 名 | 316 | 89 |
| cintura | 名 | 148 | 68 |
| cinturón | 名 | 086 | 60 |
| cinturón de seguridad | 名 | 249 | 81 |
| circulación | 名 | 263 | 82 |
| cirujano, -na | 名 | 418 | 102 |
| ciudadano, -na | 名 | 348 | 93 |
| clic | 名 | 061 | 57 |
| cliente, -ta | 名 | 350 | 93 |
| clima | 名 | 493 | 111 |
| clínica | 名 | 477 | 109 |
| cliquear | 動 | 100 | 32 |
| cobrar | 動 | 019 | 12 |
| coche de alquiler | 名 | 256 | 81 |
| coche de bomberos | 名 | 251 | 81 |
| coche descapotable | 名 | 255 | 81 |
| coche patrulla | 名 | 252 | 81 |
| código | 名 | 393 | 99 |
| codo | 名 | 149 | 68 |
| col | 名 | 179 | 72 |
| colaborar | 動 | 028 | 14 |
| colega | 名 | 344 | 92 |
| collar | 名 | 084 | 60 |
| colonia | 名 | 136 | 66 |
| comedia | 名 | 551 | 118 |
| comedor | 名 | 123 | 65 |
| comensal | 名 | 218 | 77 |

| | | | |
|---|---|---|---|
| comisaría de policía | 名 | 163 | 70 |
| cómoda | 名 | 124 | 65 |
| compartir | 動 | 027 | 14 |
| compositor, -ra | 名 | 536 | 116 |
| comprador, -ra | 名 | 347 | 93 |
| concejal, -la | 名 | 416 | 101 |
| conectarse | 動 | 043 | 18 |
| conexión a Internet | 名 | 033 | 54 |
| congreso de los diputados | 名 | 414 | 101 |
| conocido, -da | 名 | 342 | 92 |
| conserje | 名 | 308 | 88 |
| conservador, -ra | 形 | 020 | 134 |
| conservar | 動 | 078 | 26 |
| construir | 動 | 020 | 12 |
| consulta | 名 | 399 | 99 |
| consultorio | 名 | 478 | 109 |
| contaminación | 名 | 432 | 111 |
| contaminar | 動 | 080 | 26 |
| contestador automático | 名 | 026 | 53 |
| continuamente | 副 | 010 | 148 |
| contrabajo | 名 | 543 | 117 |
| contraseña | 名 | 036 | 54 |
| contrato | 名 | 507 | 113 |
| copia de seguridad | 名 | 062 | 57 |
| copiar y pegar | 動 | 101 | 32 |
| corchete | 名 | 091 | 61 |
| cordón | 名 | 092 | 61 |
| crédito | 名 | 508 | 113 |
| crema | 名 | 137 | 67 |
| cremallera | 名 | 090 | 61 |
| cuarto de aseo | 名 | 173 | 71 |
| cubiertos | 名 | 219 | 77 |
| cuenta | 名 | 208 | 75 |
| cuenta de usuario | 名 | 037 | 54 |
| cuero | 名 | 586 | 123 |
| cuñado, -da | 名 | 104 | 62 |
| curar | 動 | 011 | 10 |
| curriculum vitae | 名 | 499 | 112 |
| curso de formación | 名 | 371 | 96 |
| cursor | 名 | 057 | 57 |

| | | | |
|---|---|---|---|
| óptica | 名 | 024 | 52 |
| optimismo | 名 | 516 | 114 |
| orquesta | 名 | 540 | 117 |
| otorrinolaringólogo, -ga | 名 | 429 | 103 |
| P paciencia | 名 | 521 | 115 |
| paciente | 形 | 026 | 136 |
| padrino | 名 | 108 | 63 |
| página web | 名 | 045 | 55 |
| palillos | 名 | 223 | 77 |
| panadería | 名 | 008 | 50 |
| pantalla | 名 | 049 | 56 |
| pantalón corto | 名 | 065 | 58 |
| pañuelo | 名 | 087 | 60 |
| papelera | 名 | 063 | 57 |
| papelería | 名 | 015 | 51 |
| paquete de arroz | 名 | 231 | 78 |
| parabrisas | 名 | 247 | 80 |
| parada de autobús | 名 | 166 | 70 |
| parado, -da | 名 | 326 | 90 |
| parálisis | 名 | 471 | 108 |
| parecerse a | 動 | 062 | 22 |
| pareja de hecho | 名 | 401 | 100 |
| pariente, -ta | 名 | 112 | 63 |
| parque de atracciones | 名 | 165 | 70 |
| parque de bomberos | 名 | 162 | 70 |
| particularmente | 名 | 006 | 146 |
| pasado de moda | 形 | 061 | 144 |
| pasar | 動 | 064 | 22 |
| pasta de dientes | 名 | 139 | 67 |
| pastel | 名 | 198 | 74 |
| pastelería | 名 | 009 | 50 |
| pastilla | 名 | 459 | 107 |
| patinaje | 名 | 619 | 127 |
| patinaje artístico | 名 | 620 | 127 |
| patio | 名 | 121 | 65 |
| peaje | 名 | 272 | 83 |
| pediatra | 名 | 420 | 102 |
| peinarse | 動 | 059 | 22 |
| peine | 名 | 140 | 67 |
| pelearse | 動 | 029 | 14 |

| | | | |
|---|---|---|---|
| peletería | 名 | 021 | 52 |
| pelirrojo, ja | 形 | 036 | 138 |
| pelo | 名 | 160 | 69 |
| pelota | 名 | 612 | 126 |
| peluquería | 名 | 022 | 52 |
| peluquero, ra | 名 | 298 | 87 |
| pendiente | 名 | 083 | 60 |
| pensión | 名 | 596 | 124 |
| pensión completa | 名 | 595 | 124 |
| perejil | 名 | 180 | 72 |
| perfectamente | 副 | 016 | 148 |
| periodismo | 名 | 360 | 94 |
| periodista | 名 | 297 | 87 |
| personaje | 名 | 547 | 118 |
| pescadería | 名 | 003 | 50 |
| pesimismo | 名 | 517 | 114 |
| pianista | 名 | 534 | 116 |
| picor | 名 | 434 | 104 |
| pie | 名 | 232 | 78 |
| piel | 名 | 159 | 69 |
| pijama | 名 | 077 | 59 |
| píldora | 名 | 454 | 106 |
| pincho | 名 | 202 | 75 |
| pintor, -ra | 名 | 570 | 121 |
| pintura | 名 | 563 | 120 |
| poema | 名 | 545 | 118 |
| poeta, -tisa | 名 | 312 | 88 |
| política | 名 | 410 | 101 |
| político, -ca | 名 | 411 | 101 |
| polución | 名 | 481 | 110 |
| pomada | 名 | 456 | 106 |
| ponerse a + 不定詞 | 熟 | 009 | 154 |
| portal | 名 | 119 | 64 |
| portarse | 動 | 030 | 14 |
| portero, -ra | 名 | 317 | 89 |
| posdata | 名 | 285 | 85 |
| posiblemente | 副 | 020 | 150 |
| postre | 名 | 207 | 75 |
| postura | 名 | 575 | 121 |
| prácticas | 名 | 498 | 112 |

| | | | |
|---|---|---|---|
| precisamente | 副 | 003 | 146 |
| preocupación | 名 | 523 | 115 |
| preocupado, -da | 形 | 044 | 140 |
| preocuparse | 動 | 004 | 8 |
| prescindible | 形 | 042 | 140 |
| presentador, -ra | 名 | 335 | 91 |
| presidente, -ta | 名 | 327 | 90 |
| préstamo | 名 | 396 | 99 |
| presupuesto | 名 | 497 | 112 |
| primer plato | 名 | 205 | 75 |
| probablemente | 副 | 019 | 150 |
| probador | 名 | 581 | 122 |
| probarse | 動 | 061 | 22 |
| programa del curso | 名 | 377 | 97 |
| programar | 動 | 086 | 28 |
| prohibir | 動 | 083 | 28 |
| propietario, -ria | 名 | 337 | 92 |
| protagonista | 名 | 556 | 119 |
| proteger | 動 | 079 | 26 |
| psicólogo, -ga | 名 | 430 | 103 |
| psiquiatra | 名 | 431 | 103 |
| público | 名 | 560 | 119 |
| puerta de embarque | 名 | 603 | 125 |
| puesto de trabajo | 名 | 509 | 113 |
| puesto que + 直説法 | 熟 | 016 | 154 |
| pulmón | 名 | 147 | 68 |
| pulsera | 名 | 082 | 60 |
| punto | 名 | 041 | 55 |
| punto de encuentro | 名 | 604 | 125 |
| puntual | 形 | 022 | 134 |
| pupitre | 名 | 373 | 96 |
| Q quedar | 動 | 063 | 22 |
| quedarse | 動 | 096 | 30 |
| quesería | 名 | 005 | 50 |
| quiosco | 名 | 018 | 52 |
| quirófano | 名 | 473 | 109 |
| R ración | 名 | 217 | 77 |
| radiante | 形 | 053 | 142 |
| ratón | 名 | 050 | 56 |
| realmente | 副 | 023 | 150 |

| | | | |
|---|---|---|---|
| rebajas | 名 | 580 | 122 |
| recado | 名 | 277 | 84 |
| receta | 名 | 216 | 76 |
| recibo | 名 | 578 | 122 |
| reciclar | 動 | 024 | 12 |
| recipiente | 名 | 221 | 77 |
| recomendar | 動 | 084 | 28 |
| recursos naturales | 名 | 485 | 110 |
| red | 名 | 040 | 54 |
| redacción | 名 | 288 | 85 |
| redactar | 動 | 045 | 18 |
| reenviar | 動 | 046 | 18 |
| referirse a | 熟 | 002 | 152 |
| reformar | 動 | 088 | 28 |
| regalar | 動 | 031 | 14 |
| registrarse | 動 | 093 | 30 |
| regla | 名 | 376 | 96 |
| relajado, -da | 形 | 010 | 132 |
| remite | 名 | 283 | 85 |
| remitente | 名 | 282 | 85 |
| renovar | 動 | 040 | 16 |
| reparar | 動 | 077 | 26 |
| repasar | 動 | 089 | 30 |
| repentinamente | 副 | 013 | 148 |
| repetidamente | 副 | 012 | 148 |
| reposado, -da | 形 | 016 | 132 |
| requisito | 名 | 376 | 96 |
| reservado, -da | 形 | 028 | 136 |
| respirar | 動 | 015 | 10 |
| responder | 動 | 047 | 18 |
| responsable | 名 | 325 | 90 |
| responsable | 形 | 029 | 136 |
| retirar | 動 | 087 | 28 |
| risa | 名 | 528 | 115 |
| rodilla | 名 | 152 | 68 |
| romper a + 不定詞 | 熟 | 013 | 154 |
| ropa | 名 | 590 | 123 |
| S saco | 名 | 229 | 78 |
| sala de estar | 名 | 115 | 64 |
| sala de operaciones | 名 | 474 | 109 |

| | | | | | | | |
|---|---|---|---|---|---|---|---|
| sala de profesores | 名 | 384 | 97 | sombrío, -bría | 形 | 054 | 142 |
| salirle bien | 熟 | 005 | 152 | sorprenderse | 動 | 006 | 8 |
| salmón | 名 | 189 | 73 | sótano | 名 | 117 | 64 |
| salón | 名 | 114 | 64 | suave | 形 | 055 | 142 |
| salsa | 名 | 192 | 73 | suavizante | 名 | 134 | 66 |
| saltar | 動 | 092 | 30 | submarinismo | 名 | 617 | 127 |
| salvar | 動 | 103 | 32 | suegro, -gra | 名 | 103 | 62 |
| sección | 名 | 574 | 121 | suelo | 名 | 120 | 64 |
| seda | 名 | 582 | 122 | sujetador | 名 | 067 | 58 |
| segundo plato | 名 | 206 | 75 | suministrador, -ra | 名 | 351 | 93 |
| seguridad social | 名 | 503 | 112 | suspender | 動 | 021 | 12 |
| seguro de viaje | 名 | 607 | 125 | suspender | 動 | 055 | 20 |
| selectividad | 名 | 367 | 95 | sustituto, -ta | 名 | 324 | 90 |
| semáforo | 名 | 269 | 83 | T taberna | 名 | 215 | 76 |
| seminario | 名 | 354 | 94 | tabique | 名 | 127 | 65 |
| senado | 名 | 415 | 101 | talla | 名 | 591 | 123 |
| senador, -ra | 名 | 413 | 101 | taller mecánico | 名 | 258 | 82 |
| senderismo | 名 | 615 | 126 | tapa | 名 | 201 | 75 |
| sensible | 形 | 046 | 140 | taquilla | 名 | 558 | 119 |
| sentarle bien/mal | 動 | 060 | 22 | tarjeta de crédito | 名 | 400 | 99 |
| sentir | 動 | 068 | 24 | tarjeta de embarque | 名 | 600 | 124 |
| sentirse | 動 | 008 | 8 | tarjeta SIM | 名 | 030 | 53 |
| separación de bienes | 名 | 397 | 99 | tarta | 名 | 197 | 74 |
| separarse | 動 | 067 | 24 | taza de café | 名 | 224 | 77 |
| servilleta | 名 | 222 | 77 | teatro | 名 | 559 | 119 |
| sesión | 名 | 557 | 119 | teatro | 名 | 568 | 120 |
| seta | 名 | 183 | 72 | techo | 名 | 126 | 65 |
| severamente | 副 | 018 | 150 | teclado | 名 | 052 | 56 |
| simpatía | 名 | 514 | 114 | técnico, -ca | 名 | 315 | 89 |
| sin embargo | 熟 | 032 | 158 | tejado | 名 | 118 | 64 |
| sinceramente | 副 | 024 | 150 | teléfono fijo | 名 | 028 | 53 |
| sincero, -ra | 形 | 048 | 140 | teléfono público | 名 | 032 | 53 |
| sindicato | 名 | 510 | 113 | terapia | 名 | 467 | 108 |
| sintético, -ca | 形 | 059 | 144 | termómetro | 名 | 455 | 106 |
| sobrino, -na | 名 | 100 | 62 | tienda de moda | 名 | 012 | 51 |
| socio, -cia | 名 | 391 | 98 | tienda de ultramarinos | 名 | 006 | 50 |
| soleado, -da | 形 | 052 | 142 | timidez | 名 | 515 | 114 |
| solicitar | 動 | 023 | 12 | tintorería | 名 | 023 | 52 |
| soltar | 動 | 094 | 30 | tío, -a | 名 | 099 | 62 |
| sombrero | 名 | 068 | 58 | tique | 名 | 577 | 122 |

| | | | | | | | | |
|---|---|---|---|---|---|---|---|---|
| tirita | 名 | 453 | 106 | voleibol | 名 | 609 | 126 |
| tiza | 名 | 382 | 97 | volver a + 不定詞 | 熟 | 007 | 152 |
| tobillo | 名 | 151 | 68 | vuelo | 名 | 602 | 125 |
| tolerancia | 名 | 527 | 115 | W wifi | 名 | 043 | 55 |
| tolerante | 形 | 045 | 140 | Y ya que + 直説法 | 熟 | 017 | 156 |
| tomarle el pelo | 熟 | 015 | 154 | yarda | 名 | 233 | 79 |
| tonelada | 名 | 235 | 79 | yerno | 名 | 101 | 62 |
| tormenta | 名 | 482 | 110 | Z zanahoria | 名 | 182 | 72 |
| tos | 名 | 440 | 104 | zapatería | 名 | 010 | 51 |
| traductor, -ra | 名 | 293 | 86 | zarzuela | 名 | 539 | 117 |
| tragedia | 名 | 555 | 119 | zona | 名 | 167 | 70 |
| tranquilidad | 名 | 522 | 115 | zona comercial | 名 | 169 | 71 |
| transexual | 名 | 408 | 100 | | | | |
| transferencia bancaria | 名 | 395 | 99 | | | | |
| tratamiento | 名 | 466 | 108 | | | | |
| tratar de + 不定詞 | 熟 | 001 | 152 | | | | |
| traumatólogo, -ga | 名 | 421 | 102 | | | | |
| travieso, -sa | 形 | 015 | 132 | | | | |
| tutor, -ra | 名 | 336 | 91 | | | | |
| tutoría | 名 | 374 | 96 | | | | |
| U uniforme | 名 | 080 | 59 | | | | |
| urgencias | 名 | 476 | 109 | | | | |
| V vacuna | 名 | 449 | 106 | | | | |
| vago, -ga | 形 | 013 | 132 | | | | |
| vaquero | 名 | 076 | 59 | | | | |
| váter | 名 | 141 | 67 | | | | |
| vatio | 名 | 240 | 79 | | | | |
| vecino, -na | 名 | 341 | 92 | | | | |
| vendedor, -ra | 名 | 352 | 93 | | | | |
| verdaderamente | 副 | 007 | 146 | | | | |
| verse obligado a + 不定詞 | 熟 | 003 | 152 | | | | |
| vigilante | 名 | 334 | 91 | | | | |
| vino | 名 | 209 | 76 | | | | |
| violín | 名 | 535 | 116 | | | | |
| violinista | 名 | 529 | 116 | | | | |
| virtud | 名 | 513 | 114 | | | | |
| virus | 名 | 443 | 105 | | | | |
| visado | 名 | 601 | 125 | | | | |
| vista | 名 | 480 | 109 | | | | |
| volante | 名 | 241 | 80 | | | | |

# 改訂版 キクタンスペイン語【初中級編】基本2000語レベル

発行日：2018年8月10日（初版）
　　　　2024年4月19日（改訂版）

著者：吉田理加（愛知県立大学外国語学部准教授）
編集：株式会社アルク　出版編集部
編集協力：イグナシオ・カプデポン、ハビエル・デ・エステバン
校正：神長倉未稀、Helena Vila Mirasol、Miquel Soler Leida（リングアクラブ）

アートディレクション：細山田光宣
カバーデザイン：柏倉美地（細山田デザイン事務所）
本文デザイン・本文イラスト：奥山和典（酒冨デザイン）
帯イラスト：白井匠（白井図画室）
ナレーション：ガブリエル・ベギリスタイン、須藤まゆみ
スペイン語録音協力：ガブリエル・ベギリスタイン
音楽制作・音声編集：Niwaty
録音：トライアンフ株式会社、Niwaty
DTP・奥付デザイン：株式会社創樹
印刷・製本：シナノ印刷株式会社

発行者：天野智之
発行所：株式会社アルク
　　　　〒102-0073　東京都千代田区九段北4-2-6　市ヶ谷ビル
　　　　Website：https://www.alc.co.jp/

落丁本、乱丁本は弊社にてお取替えいたしております。
Webお問い合わせフォームにてご連絡ください。
https://www.alc.co.jp/inquiry/

本書は『キクタンスペイン語【初中級編】』（初版：2018年8月10日）をもとに、
時代に合わせた例文の見直しなどを行い、音声をダウンロード提供とした改訂版となります。

地球人ネットワークを創る

アルクのシンボル
「地球人マーク」です。